사관학교
군사학과
진로 진학 특강

장교를 꿈꾸는 학생들을 위한

사관학교 + 군사학과 진로 진학 특강

한충렬 지음

북스토리

프/롤/로/그

인류가 사회를 이루고 국가를 형성하며 살아온 이래, 집단 또는 국가 간 전쟁이 없었던 날은 없었을 것입니다. 즉, 국가가 존재하는 한 외세로부터 국가를 보호하기 위한 군대는 꼭 필요할 것입니다.

한반도는 세계 4개 강대국으로 평가받는 미국 · 중국 · 러시아 · 일본의 틈바구니이자 강대국 하드 파워(군사력과 경제력)의 각축장에 위치한 지정학적 위치를 볼 때, 남북 분단의 국내 상황을 차치하더라도 군대의 중요성은 거론할 필요가 없을 듯합니다. 즉, 우리나라에서 군인이란 직업의 중책은 앞으로도 변함이 없을 것으로 예측할 수 있지요.

하지만, 직업적 전망이 아무리 좋더라도 군인이란 직업을 쉽게 택하기는 쉽지 않습니다.

군인이란 직업은 단순히 수입을 얻을 목적으로 종사하는 것이 아니고, 국민의 재산과 생명을 보호하는 신성한 직업으로서 전쟁을 준비하고 유사시 목숨을 바쳐야 한다는 소명감이 있어야 하는 직업이기 때문입니다. 특히, 병사들의 선두에서 지휘해야 하는 장교는 뛰어난 리더십과 책임감, 뜨거운 조국애를 필요로 합니다.

25년 넘는 기간 고등학교에서 진로 진학 지도를 하면서, 정보를 접하지 못하여 본인의 꿈을 놓치거나 아예 꿈을 가져보지도 못하는 학생들을 볼 때 너무도 안타까웠습니다.

최근 장기간 지속되고 있는 취업난에 의해 군 장교 임관과 같이 졸업 이후 취업이 보장되는 학과에 관심이 높아지고 있습니다.

군 장교라는 특수 직업군을 위한 진로 진학 지도 사례 및 진학 관련 정보는 일반학과 및 대학에 비해 많지 않다는 특징이 있습니다. 그렇기 때문에 진학을 준비하는 수험생의 입장에서는 어려움이 많을 수밖에 없습니다.

이 책은 고등학교 과정에서 군 장교로서의 진로를 결정한 수험생들이 꿈을 이루는 데 도움을 주고자, 사관학교 및 각종 대학의 군 관련 학과 진학 방법에 대해 안내하고자 합니다. 도전 의식 있는 수험생들이 장교로서의 꿈을 꾸고 준비하는 데 도움이 되길 희망합니다.

다만, 군 장교를 꿈꾸는 학생들이 단순히 주변의 성화로 지원하거나, 성적에만 맞추어 지원한다거나, 안정적인 직업만을 꿈꿔 지원한다면 깊은 고민을 해보길 권하고 싶습니다. 진학 후 군인의 직업이 본인의 생각과 달라 그만두는 안타까운 경우를 종종 볼 수 있었기 때문입니다.

어떤 군인이든 기본적으로 각종 훈련을 견딜 수 있는 강한 체력과 정신력이 요구되며, 통제된 생활을 이겨낼 수 있는 절도 있는 생활 자세와 인내심이 필요합니다. 또한 올바른 국가관, 책임감과 동료들과 원만한 관계를 유지할 수 있는 능력이 있어야 합니다. 특히 병사들의 선두에서 지휘해야 하는 장교의 경우 높은 책임감 · 분석력 · 통찰력 · 판단력 등을 갖추어야 합니다.

이러한 역량을 갖춘 수험생들이 진학에 성공하여 전문적인 군사 지식과 각종 분야의 해박한 지식을 쌓은 장교가 되어 위국헌신을 실천하기를 희망합니다.

끝으로, 군사학과 진학을 준비하는 수험생들을 위해 인터뷰에 참여해주신 건양대 윤형호 학과장님, 단국대 이표규 학과장님, 동명대 나승학 학과장님, 상지대 최기일 학과장님, 서경대 채성준 학과장님, 세종대 추영민 학과장님, 조선대 김법헌 학과장님, 충남대 전기석 학부장님께 감사의 말씀을 드립니다.

목 / 차

프롤로그 _004

PART 01 직업군인(군 장교)이 되는 방법 011

1. 공군 013

가. 공군사관학교 013

나. 학사사관 014

다. 학군사관(ROTC) 015

라. 조종분야 가산복무 지원금 지급 대상자 015

마. 예비장교후보생 016

바. 협약모집대학 군 가산복무 지원금 지급대상자 제도 016

2. 육군 017

가. 육군사관학교 017

나. 육군3사관학교 018

다. 학군사관후보생(ROTC) 019

라. 학사장교 020

마. 군 가산복무 지원금 지급대상자(통칭 군장학생) 020

바. 협약 및 비협약 군사학과, 군계약학과 021

사. 전문사관 022

3. 해군 023

가. 해군사관학교 023

나. 학사사관 024

다. 학군사관(ROTC) 024
라. 예비장교 후보생 024
마. 군 가산복무 지원금 지급 대상자 025

PART 02 사관학교 지원전략 027

1. 사관학교란? 028

가. 공군사관학교 028
나. 국군간호사관학교 029
다. 육군사관학교 030
라. 육군3사관학교 031
마. 해군사관학교 032

2. 왜 사관학교를 선호하나? 033

가. 복수지원, 이중등록 금지 대학 적용 제외 033
나. 수능 이전 1차 시험 실시 034
다. 다양한 학위 취득 교육과정 운영 035
라. 최고 수준의 다양한 교육프로그램 운영 038
마. 교육비 및 기타 비용 국비지원 039
바. 졸업 후 다양한 진로 선택 기회 부여 040
1) 국군간호사관학교 041
2) 공군사관학교 041
3) 육군사관학교 042
4) 해군사관학교 042

3. 사관학교 입시의 특징은? 044

가. 모집인원 044

나. 전형 일정(2024학년도 입시) 047

다. 전형 방법 047

1) 지원동기서 047

2) 1차 시험 049

3) 2차 시험 050

4) 학생부 반영 080

5) 수능 반영 084

6) 가산점 085

4. 사관학교별 준비 전략 087

가. 국군간호사관학교 087

1) 모집 인원 087

2) 전형 방법 088

3) 학생부 성적 반영 방법 090

4) 2차 시험 준비 방법 090

나. 공군사관학교 096

1) 모집 인원 096

2) 전형 방법 097

3) 학생부 반영 108

4) 종합선발 109

다. 육군사관학교 110

1) 모집 인원 110

2) 전형 방법 112

3) 2차 시험 114

라. 해군사관학교 128

1) 모집인원 및 절차 128

2) 모집 방법 129

3) 2차 시험 132

4) 내신 및 가산점 140

PART 03 군사(군 관련)학과 지원전략 145

1. 군사학과란? 146

2. 군 계약학과 148

가. 계약형 군사(군 관련)학과 현황 148

나. 계약형 군사(군 관련)학과 선발 151

1) 군사학과 151

2) 군 관련 학과 154

3. 군 협약학과 160

가. 협약형 군사(군 관련)학과 현황 160

나. 협약형 군사(군 관련)학과 선발 164

4. 비협약학과 167

가. 비협약형 군사(군 관련)학과 현황 167

나. 비협약형 군사(군 관련)학과 선발 169

PART 04 군사학과 학과장님 인터뷰 175

1. 건양대 군사학과 176

2. 단국대 해병대군사학과 179

3. 동명대 군사학과 183

4. 상지대 군사학과 189

5. 서경대 군사학과 192

6. 세종대 국방시스템공학과 195

7. 조선대 군사학과 198

8. 충남대 국가안보융합학부 200

PART

01

직업군인(군 장교)이 되는 방법

우리나라에서 군 장교를 지원하기 위한 자격조건으로는 4년제 이상의 대학을 졸업(학사 이상)하고 일정 기간 이상의 군사훈련을 거쳐야 한다. 즉 문무를 겸비한 인재를 지도자상으로 요구하고 있다.

군 장교가 되는 방법은 다양하다. 사관학교(육사, 해사, 공사, 국간사), 육군3사, 학군단, 학사장교 등의 경로를 통해 장교로 복무할 수 있다.

우선 사관학교는 처음부터 장성급 장교를 육성할 목적으로 설립된 특수목적대학교이다. 다만, 소인수로 선발하는 입시 특성상 진학 사례를 많이 접하기 힘들다 보니, 수험생 입장에서는 정보를 얻기가 쉽지 않다.

학군장교(ROTC)는 학군단이 설치된 4년제 대학 1~2학년 재학생 중 우수한 사람을 선발하여 3~4학년, 총 2년 동안 사관후보생의 신분으로 군사학 과목 이수와 군사훈련 등을 거쳐 장교로 임관시키는 제도이다.

학사사관후보생(학사장교)은 4년제 대학을 졸업한 사람을 선발하여 일정 기간 교육·훈련 후 장교로 임관하는 방법이다. 그리고 편입학 개념으로 생도를 선발하는 육군3사관학교도 있다.

이들 중 학군장교, 학사장교, 육군3사관학교 등은 대학 진학 후 진로를 결정한다는 공통점이 있다. 반면, 대학 진학을 준비하는 단계에서 군 장교에 대한 확고한 진로를 꿈꾼다면, 진학이 곧 직업이 되는 사관학교와 군사학부 등에 직접 진학하는 방법이 있다.

최근에는 군사이론을 체계적으로 정립한 군사학이란 독립된 학문을 학습하여 군사학 전문학위를 부여받는 군사학과가 여러 대학에 설립되었다. 군사학과를 졸업하여 군사학 전문학위를 부여받고 추가 군사훈련을 통해 장교로 임관할 수 있다.

공군

공군 장교가 되려면 4년제 대학 졸업 또는 동등 학위 취득자로 공군사관학교에 입학하거나, 공군 학군단이 설치된 대학(항공대, 한서대, 교통대) 1~2학년 재학 시 학군사관후보생(ROTC)으로 지원할 수 있다(남 · 여 가능, 단 조종은 남학생만 가능).

또는 국내외 4년제 대학졸업자로 학사사관후보생(학사장교)으로 선발되어 일정 기간 교육 · 훈련 후 장교로 임관하는 방법이 있다. 이 외에도 공군 협약 지정대학 학과(세종대, 영남대)에 입학한 후 조종 장학생으로 선발되거나 공군 협약 지정대학 학과(아주대)에 입학하여 정보통신 장학생으로 선발, 국내 4년제 주간대학 1~4학년 재학생 중 전형 합격자는 조종 장학생으로 선발, 국내 4년제 대학 1~3학년 재학생 중 전형 합격자는 예비 장교 후보생으로 선발하는 방법이 있다.

단, 연령은 임관일 기준 만 18세 이상 27세 이하 대한민국 국적 소지자여야 하고, 예비역의 경우 복무기간에 따라 최대 3년까지 연장도 가능하다.

공군 장교가 되는 방법을 분류하면 다음과 같다.

가. 공군사관학교

공군사관학교는 대한민국 공군 장교를 양성하기 위한 정규 교육기관이다. 학사과정에서는 학생들에게 핵심적인 군사교육 외에도 인문학, 사회과학, 자연과학 등 다양한 학문 분야의 교육을 진행하고 있으며, 군인으로서의 전문성과 리더십 능력을 함양하는 교육과정을 운영하고 있다. 또한 학생들은 입교 후 1년간 기초군사훈련을 거쳐 실제 현역 장교들이 담당하는 부대에서 훈련을 받고, 이를 통해 현장에서의 경험과 능력을 함양한 후 졸업과 함께 장기복무 장교로 임관할 수 있다.

나. 학사사관

다양한 전공 분야의 전문 지식을 갖춘 장교를 획득하기 위하여 4년제 이상 대학 졸업 후 일정 기간의 군사교육을 이수한 후 장교로 임관하는 제도이다. 국내 · 외 대학(4년제) 학사 학위 취득(예정)자 또는 법령에 따라 이와 같은 수준 이상의 학력이 있다고 인정된 자(교육부 인정 학위 독학사, 학점은행제, 방송통신대, 사이버대 등 취득자 포함), 5급 공개경쟁 채용시험 합격자, 박사 학위 수료자, 공인회계사 등록자(만 29세까지)에게 지원자격이 주어지며, 모집일정 및 평가 방식은 〈표 I –1〉 〈표 I –2〉와 같다. 임관 후 3년의 의무 복무기간이 있다.

<표 I -1> 학사사관 모집일정(2023년도)

기수	지원서 접수	필기 시험	특별전형 평가기간	1차 합격자 발표	2차 전형		최종 합격자 발표	입영	임관
					신검/면접	신원조사 결격사유 조사			
학사 151기	3.2.~ 4.13.	4.29.	5.1.~ 5.10.	6.2.	7.3.~ 7.7.	6.15.~ 7.14.	7.28.	8.28.	12.1.
학사 152기	9.1.~ 10.6.	11.4.	11.6.~ 11.10.	12.1.	'24.1.2.~ 1.5.	12.11.~ '24.1.8.	'24. 1.26.	'24. 2.26.	'24. 6.1.

<표 I -2> 학사사관 평가 방식(2023년도)

1차 전형			2차 전형					
일반 전형	특별전형		신체검사	면 접		신원 조사	결격 사유	최종선발위원회
	I	II		일반전형	특별전형			
100점 (필기시험)	모집분야별 별도기준	서류심사	합/불	화상(20점) AI(5점)	합/불	적/부	적/부	1·2차 전형 및 신원조사·결격사유 결과 종합 심사

다. 학군사관(ROTC)

학군사관은 초급장교의 양성을 통한 국방력 강화를 위해, 대학교 학생들을 대상으로 군사교육을 실시한 뒤 졸업 후 장교로 임관시키는 제도이다. 한국에서는 1960년대 학도군사훈련단으로 창설된 후, 1972년 학생군사교육단으로 개칭하여 지금까지도 약칭 학군단이라 불리고 있다. 후보생들은 교내에서 받는 기초 군사교육을 비롯하여 훈육, 기초 군사훈련, 입영 훈련을 병행하게 된다.

공군 장교가 되기 위해서는 공군 학군단이 설치된 한국항공대(항공운항학과), 한서대(항공운항학과), 한국교통대(항공운항학과), 서울과기대, 경상국립대, 숙명여대, 연세대에 설치된 공군 학군단에 지원하여 합격하여야 한다.

라. 조종분야 가산복무 지원금 지급 대상자

대학 재학생 중에서 조종사 양성을 목표로 우수자를 선발하여 장학금을 지급하고, 졸업 후 장교 임관 및 비행교육과정을 거쳐 조종자원으로 양성하는 제도이다.

※ 지원시기: 매년 3월(선발: 9월)

※ 지원자격: 국내 정규(주간)대학 1~4학년 재학생으로 다음과 같은 조건을 충족하는 자

- 군인사법 제10조 2항 결격사유에 해당되지 않는 자
- 임관일 기준 만 20~27세의 대한민국 남녀
- 병역법 제74조의 2. 제대군인지원에 관한 법률 제16조 적용자는 상한연령 연장
- 대학수능성적 또는 고교 3학년 1학기까지 국·영·수 평균 3등급(합계 9등급) 이내인 사람
- 대학교 全 학기 성적 평균(70/100) 이상인 사람

* 학군장교: 한서대 항공운항학과, 항공대 항공운항학과, 교통대 항공운항학과, 연세대 신촌캠퍼스(전공무관) 재학생 중 1~2학년으로 현역이 아닌 사람(3학년에 학군단 편입)
* 학사장교: 국내 4년 이상 정규대학 재학생(최종학기 재학생 제외) 중 현역이 아닌 사람

마. 예비장교후보생

예비장교후보생제도는 병역환경 변화에 따라 우수한 초급장교의 안정적인 확보를 위해 국내 4년제 대학 1~3학년 재학생 중 우수자를 사전에 선발하여, 졸업 후 공군 장교로 임관하는 제도이다. 국내 4년제 정규 대학 재학생만 지원 가능하며, 졸업 시까지 학업에 정진할 수 있도록 대학 재학 중 별도의 군사훈련을 실시하지 않는다. 선발 이후 4학년이 되면 장려금(900만 원 예정)이 지급된다.

※ 장려금은 지급관련 사항은 당해연도 국방부 지침에 따라 변경 가능.
졸업 후 입대 시 학사사관후보생과 같은 기수가 부여되며, 3년을 의무복무해야 한다.

※ 예비장교후보생 자격으로 현역병 입영연기가 불가함에 따라 졸업 후 입영 시까지 본인이 반드시 병무청에 입영연기를 신청해야 함.

바. 협약모집대학 군 가산복무 지원금 지급대상자 제도

우수 정보통신 인력의 육성과 군사학 발전을 위해 대한민국 공군과 아주대학교는 2014년에 협정을 체결하고 국방디지털융합학과를 신설하여 국방 ICT 분야에 특화된 아주대의 교육 및 연구 역량을 기반으로 공군 ICT 기술 장교를 양성하기로 하였다.
공군의 지능정보 작전환경 구축과 지능형 무기체계 운용은 물론 항공우주군집전, 드론전, 사이버전자전 등 미래과학기술전을 준비할 수 있는 최정예 엘리트 장교 양성을 목표로 2015학년도에 첫 신입생을 받았다.
졸업생은 공군 장교로 7년간 복무 후 고급장교로 진급하거나 사회에 진출하여 정부기관, 국책연구소, 국방/항공 방위산업체 등 국방/안보 산업분야에서 최고의 ICT 전문가로 활약하게 된다.

육군

육군 장교가 되려면 대학과정에 준하는 교육을 이수하여야 하는데 가장 일반적인 방법은 육군사관학교를 입학하는 것이다.

이 외에 학군사관후보생(ROTC) 또는 학사사관후보생(학사장교)으로 선발되어 일정 기간의 교육 · 훈련 후 장교로 임관하는 방법이 있다. 그리고 육군3사관학교에 입학하면 대학 3, 4학년 과정의 전문교육을 이수한 후에 장교로 임관한다.

여군의 경우 장교가 되기 위해서는 육군사관학교에 입학하거나 간호사관학교에서 일정 기간 교육 · 훈련을 이수한 후 임관하면 된다. 4년제 일반대학을 졸업하고 소정의 훈련을 이수한 후 여군사관으로 임관되기도 한다.

이 외에도 군 가산복무 지원금 지급 대상자 그리고 자신의 경험과 전공을 살리면서 복무할 수 있는 간부사관, 전문사관 등 여러 경로를 통해 장교로 군에 복무할 수 있다.

가. 육군사관학교

육군사관학교는 국가방위에 헌신할 수 있는 육군의 정예장교 양성을 위해 특별법에 의해 설립 운영되는 정규 교육기관이다.

선발은 남자/여자, 인문/자연 분리하여 선발하며, 남학생은 인문계열 130명(45%), 자연계열 158명(55%), 여학생은 인문계열 25명(60%), 자연계열 17명(40%)루 총 330명을 선발한다.

또한, 독립유공자 손자녀 및 국가유공자녀, 농어촌 학생, 기초생활수급자 및 차상위계층, 재외국민 자녀 등과 같이 특별한 조건을 갖춘 특별전형과 일반전형으로 분리하여 선발한다.

선발은 우선선발의 경우 1차 시험과, 2차 시험 및 고등학교 내신성적 등을 합산하여 선발하며, 종합선발은 1차 시험, 2차 시험, 내신성적, 대학수학능력시험성적 등의 성적을 합산하여 선발한다.

학사과정에서 학생들은 학위교육(지적 역량), 군사훈련(군사적 역량), 체육교육(신체적 역량), 통합 훈련 교육을 통해 육군의 정예 장교로 양성된다.

생도들은 졸업과 동시에 문학사, 이학사, 공학사 및 군사학사의 2개 학위를 취득하며, 육군 소위로 임관한다.

임관 시 선택 가능 병과는 8개 전투병과(보병, 포병, 기갑, 공병, 정보, 정보통신, 방공, 항공), 4개 기술병과(화생방, 병기, 병참, 수송), 4개 행정병과(인사, 군사경찰, 재정, 공보정훈), 1개 특수병과(의정) 중 선택할 수 있다.

임관 후에는 계급별 군사 교육을 수료하고, 야전부대에서 각급제대 지휘관 및 참모직책을 수행하며, 주요 정책부서에서 군사전문가로 활동하기도 한다. 본인 희망에 따라 국내외 대학원에서 석·박사과정 위탁교육을 받을 수 있다. 졸업 후 의무복무기간은 10년이며, 본인 희망에 따라 5년차에 전역할 수 있다.

나. 육군3사관학교

육군사관학교와 더불어 육군 장교를 배출하는 2대 교육기관이다. 생도 모집 시, 4년제 대학교의 2학년 수료 학점을 취득한 경우나 2년제 혹은 3년제 대학교의 졸업자와 졸업예정자를 대상으로 한다. 즉, 편입학 개념으로 생도들을 선발하는 2년제 군사교육기관이다. 1960년대 북한의 도발로 인해 국방력 강화 및 단기간 장교 육성을 목적으로 설립된 이후 제2사관학교를 흡수하면서 규모가 확장되었다. 한국의 5대 사관학교 중 유일하게 예비생도제도를 실시하고 있다.

모집인원은 170명으로 남자 150명, 여자 20명으로 분리 모집한다. 입학 자격은 대학과정을 2년 이상 수료한 자에게 주어지며, 입학 후 2년간의 교육과정을 이수하면 4년제 학사 학위를 수여받을 수 있다. 지원자들은 서류전형으로 진행되는 1차 시험과 선발고사인 2차 시험, 그리고 체력검정과 인적성검사 및 면접으로 진행되는 3차 시험 과정을 거친 후 최종 선발된다. 1차 서류전형은 전적대 성적과 수능 혹은 내신성적으로 산정하며, 2차 선발고사는 영어시험과 간부선발도구시험으로 구성된다. 3차 시험은 1박 2일간 교내에서 개인별로 진행된다.

다. 학군사관후보생(ROTC)

학군사관후보생(ROTC)은 전국 113개 대학 재학생 중에서 우수자를 선발, 2년간 군사교육을 실시하여 전공학문은 물론 군사지식을 갖춘 문무를 겸비한 장교를 양성하는 과정이다.
임관일 기준 만 20~27세인 자의 지원자격이 있으며, 입학은 학군단이 설치된 대학에 입학하여 4년제 대학 1~2학년(5년제 학과는 2~3학년) 때 해당 학군단에 지원하여 합격해야 한다.
여대 학군단(이화, 숙명, 성신)은 학군단별로 선발하고, 기타 여학생은 10개 권역별로 선발한다.
전공학문을 탐구하는 대학생활과 더불어 장교양성과정을 동시에 이수하여 대학 졸업과 동시 육군 소위로 임관하게 된다.

<표 I -3> 학군후보생(ROTC) 지원 가능 대학

권역(학군단 수)	학군단 설치대학
서울(24)	서울대, 연세대, 중앙대, 동국대, 국민대, 서강대, 홍익대, 숭실대, 서울교대, 상명대, 서경대, 숙명여대, 이화여대, 고려대, 성균관대, 경희대, 건국대, 한양대, 한국외대, 광운대, 서울시립대, 세종대, 한성대, 서울과기대, 성신여대
경기(20)	성균관대(수원), 경희대(국제), 한양대(에리카), 인하대, 명지대, 인천대, 가천대, 경인교대, 강남대, 카톨릭대, 중앙대(안성), 경기대, 단국대, 아주대, 수원대, 용인대, 평택대, 단국대(천안), 백석대, 남서울대,
충청(20)	고려대(세종), 충북대, 홍익대(세종), 청주대, 교원대, 호서대, 순천향대, 서원대, 상명대(천안), 선문대, 충남대, 공주대, 한남대, 우석대, 대전대, 목원대, 배재대, 건양대, 한밭대, 우송대
대구, 부산, 경남(22)	경북대, 동국대(경주), 영남대, 계명대, 울산대, 대구대, 금오공대, 안동대, 대구한의대, 동양대, 대구가톨릭대, 부산대, 동아대, 경상국립대, 경남대, 동의대, 경성대, 부경대, 창원대, 인제대, 부산외대, 동명대
호남(13)	전남대, 전남대(여수), 전북대, 조선대, 원광대, 전주대, 군산대, 순천대, 목포대, 동신대, 호남대, 광주대, 광주교대
강원(10)	연세대(원주), 건국대(글로컬), 강원대, 가톨릭관동대, 상지대 강릉원주대, 한림대, 경동대, 세명대, 대진대
※ 서울교대는 서울대, 광주교대는 전남대에 지원 가능	

* 권역은 행정구역과 일치하지 않을 수 있음(육군학생군사학교의 권역별 분류).

학군후보생은 대학별 우수후보생 장학금, ROTC장학재단 장학금 등이 지원되며, 단기복무장교 장려금 지급 및 2년간 매월 교보재비가 지원되는 혜택이 있다.
장교과정 중 최단기간 복무(28개월)하며, 전공학과와 연계된 병과 근무가 가능하다.

라. 학사장교

대학졸업자 및 대학졸업 예정자 중 우수자를 선발하여 17주 동안의 군사훈련을 거쳐 장교로 임관하는 제도이다. 대학교 재학 중에는 대학생활과 학업에만 전념할 수 있다.
임관일 기준 만 20~27세 남 · 여(예비역은 복무기간에 따라 1~3세 지원연령 연장), 4년제 이상 대학 졸업(예정)자 및 법령에 의거 동일 수준의 학력이 있다고 인정되는 사람에게 지원자격이 주어진다.
선발시험은 1차 필기평가(국사과목: 한국사능력검정시험 결과 인증서로 대체), 2차 체력인증평가, 면접평가, 신체검사, 신원조사를 거쳐 선발한다.
* 체력인증평가는 '체력인증센터'를 통한 인증제로 시행(2020년부터 시행).
* 의무복무기간은 임관 후 3년(장기 또는 복무연장 지원 가능)을 복무해야 한다.

마. 군 가산복무 지원금 지급대상자(통칭 군장학생)

학부 재학 중 시험에 응시하여 합격하면 군 가산복무 지원금으로 대학교를 학업하고 학사 학위를 취득한 후 학사사관 또는 학군사관의 의무복무기간에 4년을 가산하여 장교로서 복무하는 제도이다.
군 가산복무 지원금 지급 대상자들은 대학교재학 중 군사교육을 받지 않고 일반대학생들과 다를 것이 없이 대학교생활을 하고 육군의 경우 졸업 후 육군학생군사학교에서 약 16주간 위탁교육을 받은 뒤 소위계급의 장교로 임관하여 군생활을 시작하게 된다.
2023년부터 육군 군 가산복무 지원금 지급대상자(장교) 선발을 별도로 하지 않고 학군 · 학사후보생 선발과 병행해서 시행된다. 육군 군 가산복무 지원금 지급대상자를 희망하는 학생은 학군 학사후보생 선발 과정의 '군 가산복무 지원금 지급대상자(장교) 동시지원' 유형에 지원해야 한다.

졸업 후 의무복무기간은 다음과 같다.

* **학군장교**: 2년 4개월+군 가산복무 지원금 수혜기간(4년) 가산 복무.
* **학사장교**: 3년+군 가산복무 지원금 수혜기간(4년) 가산 복무.

학사장교 및 학군후보생과의 차이점은 다음과 같다.

* **학사장교와의 차이점**: 학사장교는 대학을 졸업하고 가는 것으로 군 가산복무 지원금을 대학 다니는 동안 받지 않는 대신 의무 복무기간이 짧음.
* **학군후보생(ROTC)과의 차이점**: 학군후보생도 군 가산복무 지원금 지급 대상자 신청 가능하며 지원금 받는 기간만큼 의무 복무기간이 늘어남. 학군단 소속이냐 아니냐의 차이.

바. 협약 및 비협약 군사학과, 군계약학과

군사학과는 군사이론의 과학화와 독립된 학문으로 군사학의 학문체계정립과 미래의 전장환경에 능동적으로 대처하기 위한 인재양성을 목적으로 하는 학과이다.
군사학과와 학군사관은 똑같이 대학교 재학생을 대상으로 시행되는 제도이다. 이 때문에 혼동되기 쉬운데 차이점은 다음과 같다.
군사학과는 주전공이 군사학이다. 다른 전공을 공부하려면 복수전공을 해야 하며, 대학의 강의 시간에 훈련을 받는다.
반면 학군사관은 주전공은 일반적인 대학 전공을 선택한다. 군사교육은 군에서 별도로 시키는데, 방학에 훈련을 받는다.
이 중 협약 및 계약학과와 비협약 학과는 다음과 같은 차이가 있다.

* **협약기관**: 군에서 교육기관에 위탁시키는 경우. 이들은 군에서 정식으로 장학금과 훈련을 받으며, 이 때문에 군 가산복무 지원금 지급대상자라고 부른다.
* **비협약 군사학과**: 대학에서 군사학을 배우긴 하나 군 가산복무 지원금 지급대상자에 자동 선정되는 것은 아니기에 따로 시험에 응시해서 합격해야 한다. 또한 별도의 시험을 쳐야 장교로 임관할 수 있다.

사. 전문사관

전문사관은 전문적인 지식이나 기술을 가지고 임관하여 특수병과에서 복무할 분야별 국내 최고의 전문가를 모집하는 제도이다.

임관일 기준 만 20~27세 남녀, 4년제 대학 졸업(예정)자로 학사 학위 이상 학위 소지자에게 지원자격이 주어진다. 단, 물리치료사는 3년제 대학 졸업자도 가능하다.

또한, 법무행정사관, 5급 공채, 군의 · 치의 · 수의사관, 재정사관 지원자 중 공인회계사 협회 등록자, 변리사관 지원 중 6개월 이상 실무 수습한 경우, 박사과정 수료자는 29세까지 지원 가능하다. 3년(장기 및 복무연장 지원 가능) 의무복무기간이 주어진다.

통역장교, 재정장교, 전산장교, 법무행정장교, 군악장교, 의정장교, 간호장교, 변리사, 군의 · 치의장교, 수의장교, 교수(육사교/3사교/간호사교), 5급 공채(고시 합격자), 사이버 분야를 모집하며, 선발시험은 다음과 같은 단계로 선발한다.

* 1차: 서류전형(대학성적, 자격증, 경력, 학력), 전공평가
  ※ 전공평가: 변리, 통역, 법무행정, 군악, 교수
* 2차: 신체검사, 면접평가, 인성검사, 신원조사

해군

해군 장교가 되려면 대학과정에 준하는 교육을 이수하여야 하는데 해군사관학교를 입학/졸업 후 임관하는 방법이 있다. 이 외에 학군사관후보생(ROTC) 또는 학사사관후보생(학사장교)으로 선발되어 일정 기간의 교육·훈련 후 장교로 임관하는 방법이 있다. 그리고 해군으로 복무 경험이 있는 부사관 출신이 지원하여 해군 장교가 되는 방법이 있다.
여군의 경우 장교가 되기 위해서는 해공군사관학교에 입학하거나 간호사관학교에서 일정 기간 교육·훈련을 이수한 후 임관하면 된다. 4년제 일반대학을 졸업하고 소정의 훈련을 이수한 후 여군사관으로 임관되기도 한다. 일반적으로 임관일 기준으로 만 20세 이상에서 만 27세 이하일 경우(군미필자)에 지원할 수 있다.

가. 해군사관학교

대한민국 해군 및 해병대 장교를 양성하기 위해 설립된 사관학교로, 졸업과 동시에 전공+군사학의 학사 학위를 취득하며 동시에 해군 및 해병대 소위로 임관하게 된다.
임관 시 병과는 다른 사관학교와 마찬가지로 정보와 군사경찰을 제외한 전투병과들만 지망 가능하며 정보, 군경 병과 및 기술행정 병과는 임관 후 중위나 대위 때 전과 신청을 해 합격해야 한다. 해사에서 선택 가능한 병과는 함정, 항공, 상륙의 세 가지다. 항공을 선택한 경우, 세부적으로 조종, 항공전술, 일반으로 나뉜다. 임관할 때는 조종과 전술을 선택할 수 있고, 관련 훈련 중 탈락하거나 자진 퇴교하면 일반으로 분류되어 지상근무한다.

나. 학사사관

4년제 대학 졸업자 또는 동등 이상의 학력 소지자로 27세까지인 자가 공채에 지원할 수 있다(5급 채용시험 합격자, 박사 학위 과정 수료자, 공인회계사 실무수습 후 공인회계사 등록자는 만 29세까지 지원 가능). 합격한 자는 해군사관학교 장교교육대대에서 10주간의 교육을 수료 후 임관식을 거쳐 해군 소위 계급으로 장교로 임관하며, 통상 단기복무장교로서 3년을 근무한다. 사관후보생 과정을 통해 우수한 현역 부사관 등을 장교로 임용하기도 한다.

다. 학군사관(ROTC)

한국해양대, 부경대, 목포해양대, 제주대학교 재학 중인 1학년 학생이 학군단에 지원하여 합격(5년제 학과는 2학년도 가능)해야 한다.

임관일 기준 만 20세~27세(예비역은 복무기간에 따라 1~3세 지원연령 연장)의 국내 정규 4년제 대학교 1~3학년 재학생이 지원할 수 있다. 단, 타군의 군 가산복무 지원금 지급 대상자나 학군사관후보생에 선발된 자는 중복지원이 불가능하다. 임관 후 2년(장기복무 선발 시 장기복무 가능) 해군 또는 해병대에서 의무 복무를 해야 한다.

라. 예비장교 후보생

4년제 정규대학 1~3학년 재학생이 공채에 지원하여 합격(매 학기말 평균성적 75/100 미만 시 선발 취소)해야 한다.

군복무에 대한 부담 없이 학업에 열중하다가 졸업 후 장교(OCS)로 복무하는 제도로, 복무기간은 사관후보생 복무기간 3년과 동일하며, 대학교 재학기간 중 별도의 훈련은 없으나, 연 1회 방학기간을 이용하여 소집교육(해군소개, 함정견학 등)을 실시한다.

마. 군 가산복무 지원금 지급 대상자

국내 정규 4년제 대학교 1~3학년 재학생이 공채에 지원하여 합격해야한다. 혹은 해군협약 대학인 세종대 국방시스템공학과, 충남대 국가안보융합학부 해양안보학 전공, 한양대 국방정보공학과에 입학해야 한다.

군장학생은 선발권자의 사전 허가 없이 편입 또는 전공학과를 변경할 수 없다. 단 별도 서식에 따라 신청서를 해당대학 전형 1개월 전까지 제출 시 심의 후 통보된다.

PART

02

사관학교 지원전략

사관학교란?

우리나라에서 군 장교를 지원하기 위한 자격조건으로는 4년제 이상의 대학을 졸업(학사 이상)하고 일정 기간 이상의 군사훈련을 거쳐야 한다. 사관학교나 학군단은 이 두 자격조건을 동시에 준비해주는 고등교육기관이다.

특히, 사관학교는 육 · 해 · 공군의 정예 장교를 양성하기 위해 설립한 군 산하의 4년제 군사학교다. 이들 학교는 대학과정에 해당하며, 학생들은 졸업하면 학사 학위를 받고 소위로 임관하게 된다. 우리나라의 사관학교로는 국군간호사관학교, 공군사관학교, 육군사관학교, 육군3사관학교, 해군사관학교가 있다.

가. 공군사관학교

■ 충청북도 청주시 상당구 남일면 단재로 635

공군사관학교는 공군의 정예 장교 양성을 위해 설립된 군사교육기관으로 1949년 항공사관학교로 설립되어 시작되었다. 2024년 선발되는 생도가 76기가 되는 오랜 전통을 가지고 있다.

1997년부터는 사관학교 중 최초로 금녀(禁女)의 벽을 깨고 여자사관생도를 선발하여 2001년 최초로 정규 여군장교가 임관했다.

1992년도 44기 선발부터 조종 분야와 정책분야로 구분해 사관생도를 모집해왔으나 공군사관학교 특성에 맞는 인재를 확보하기 위해 2017학년도 전형부터 모집 인원의 전원을 조종 분야로 선발하고 있다. 그래서 공군사관학교에 입학한 사관생도는 모두 조종 특기 후보생이 된다. 2024학년도(제76기)부터 우주 · 신기술 전문인력 전형을 신설하여 비조종 분야 인원을 전체 4%이내에서 모집한다.

공군사관학교는 타 사관학교와 같이 학비 전액이 무료이며 졸업하고 나면 바로 공군 소위가 되어 군인으로서 엘리트 코스를 밟을 수 있다. 그뿐만 아니라 전투기 조종사는 공군 장교로 15년의 복무기간이 지난 후 전역한다면, 높은 연봉이 보장되는 민간항공사로의 취업이 쉽다는 이점도 있다. 다른 군 장교들과 같이 중간에 전역하게 될 경우 재취업을 걱정하지 않아도 된다는 메리트 등으로 사관학교 중 선호도가 매우 높다. 국내의 주요 항공사의 경우에도 군 출신 조종사들이 많이 근무하고 있다.

생도 1명에 대한 양성 비용이 각 군 사관학교 중 가장 많이 드는(약 2억 5천만 원) 이유는 이러한 비행교육을 위해 고가의 장비를 사용하기 때문이다.

그렇다고 공군사관학교 입교생 모두가 조종사가 되어 위와 같은 메리트를 누릴 수 있는 것은 아니다.

일반적으로 졸업 예정(4학년) 생도 전원이 공중근무자 신체검사를 받게 되지만 1급 기준을 만족할 경우에만 조종 특기를 부여받고 비행교육 과정에 들어가게 된다.

이후 입문(초등), 기본(중등), 고등 비행훈련 과정을 무사히 통과해서 최종적으로 파일럿이 되어, 의무복무 기간(15년)을 그라운딩 없이 채울 경우에 얻을 수 있는 특혜이다.

만약 조종 특기를 희망하지 않거나 비행교육 과정에서 탈락하는 생도는 운항관제, 항공통제, 방공포병, 기상 등의 분야에서 전공을 결정하여 그에 따라 병과를 선택할 수 있다. 이 경우의 의무복무기간은 조종(15년)과 달리 10년이 부여된다.

나. 국군간호사관학교

■ 대전 유성구 자운로 90

국군간호사관학교는 육 · 해 · 공군 정예 간호장교 양성을 위해 만든 특수목적대학으로서 생도들은 4년 동안 교육받은 후에 간호사 국가고시를 거쳐 간호사 면허증을 취득하고 군 장교로 근무하게 된다.

1951년 6 · 25전쟁 중 간호 인력의 부족을 해결하고, 안정적이고 우수한 간호장교 양성을 위하여 육군군의학교 내에 간호사관생도 교육과정을 신설한 것이 국군간호사관학교의 시작이다.

이후 1959년 제10기 졸업생을 배출하고 폐지되어, 간호장교 양성이 민간학교 위탁제로 운영되었다. 그러나 간호장교의 인력난이 지속되어 우수한 간호장교 육성을 위해 1967년 육군 간호학교를 다시 설립하게 된다.

육군간호학교는 1971년 국군간호학교로 개칭되었으며, 1975년 〈국군간호학교설치법〉 제정에 따라 전문학교 졸업학력이 인정되었다.

1979년부터 교육법상 전문학교가 전문대학으로 학제가 개편되면서 국군간호학교도 간호전문대학 과정으로 변경되었으며, 교명도 국군간호사관학교로 개칭되었다.

1981년 전문대학에서 4년제 정규 간호대학으로 개편되었으나, 1998년 IMF 외환위기를 맞아 국방예산 감축 차원에서 학교 폐지론이 제기되어 한때 존폐위기에 놓이기도 했다.

이때 2년간 신입생 모집이 중단되었다가 2002년부터 다시 신입생을 선발하였으며, 2012년부터는 남자 간호사관생도를 모집하여 2023년 63기를 배출하며 오늘에 이르고 있다.

국군간호사관학교는 개교 이후 수많은 인재를 배출하여 군과 국민들의 건강 향상에 지대한 공헌을 하였을 뿐만 아니라, 군 간호 지식 및 문화를 전승하고 창조 · 발전시키는 데 주도적인 역할을 수행해왔다.

특히, 최근 코로나19 상황에서 방역 최전선에 달려가 헌신적인 간호 활동을 펼쳐 '백의 전사'로 불리기도 했다.

제61기 졸업 및 임관식에 참여한 대통령은 "이들은 '총을 든 나이팅게일'이었고, '제복 입은 의료인'이었으며, '외교 역군'이기도 했다"고 말하며 "국군 최고통수권자로서, 무척 자랑스럽고 감사하다"는 연설을 했다.

다. 육군사관학교

■ 서울특별시 노원구 사서함 77-1호

육군사관학교는 국가방위에 헌신할 수 있는 육군의 정예장교 육성을 목적으로 설립된 특수목적대학으로 대한민국 국군의 창군과 이후의 성장과정에서 중심적인 역할을 담당해 왔다.

1946년 남조선국방경비사관학교로 창설되어 정부수립 후인 1948년 육군사관학교로 바뀌었으며, 6 · 25 전쟁이 발발하면서 생도 1기와 2기가 전선에 투입되어 전투를 치르기도 했다.

1955년 특히 <사관학교설치법>이 공포되면서 수업연한이 4년인 대학과정으로 인정받게 되어 졸업생에게는 이학사(理學士) 학위를 수여함과 동시에 육군 소위로 임관하게 되었다.

육군사관학교가 위치한 태릉은 민족적 전통이나 화랑 후예의 기상을 닦는 국방의 요람지라는 의미로 '화랑대'라고 불리기도 한다.

1998년부터 여성 사관생도의 입학이 허용되어, 2002년 육사 출신의 여군 장교가 최초로 임관했다.

'자유민주주의 정신에 기초한 국가관 확립, 위국헌신의 군인정신과 리더십 함양, 기본 전투 기술과 소부대 지휘 및 관리능력 구비, 군사전문가로서의 기본소양을 함양, 창의적 · 통합적 문제 해결 능력의 배양, 강인한 정신력과 체력 연마'를 교육목표로 삼고 있는 육군사관학교는 국내외 대학교와 해외 군사학교들과의 교류에도 활발하게 참여하고 있다.

라. 육군3사관학교

■ 경상북도 영천시 고경면 호국로

육군3사관학교는 육군사관학교와 더불어 육군 장교를 배출하는 2대 교육기관이다. 지원자격은 4년제 대학교의 2학년 수료 학점을 취득한 경우나 2 · 3년제 대학교의 졸업자 또는 졸업예정자, 학점은행제 전문학사 취득자, 해외대학 2학년 이상 재학 및 졸업자 등을 대상으로 한다. 즉, 유일하게 편입학 개념으로 생도들을 선발하고 있다.

1960년대 북한의 무력 도발(울진 · 삼척 무장공비 침투, 청와대 기습 등)로 인해 국방력의 강화와 정예 장교 육성의 필요성이 대두되어, 1968년 10월 15일 경상북도 영천에서 개교했다. 개교 초기에는 교육기간이 1년이었으나, 1971년부터 2년으로 연장되었고, 1972년 전남 광주시에 있던 육군제2사관학교를 흡수 · 통합하면서 확장되었다.

1974년 〈단기사관학교 설치법〉의 제정 · 공포에 따라 졸업생들은 초급 대학의 졸업 자격을 부여 받았으며, 1978년 9월 개정된 〈단기사관학교 설치법〉에 의해 4년제 대학 3학년에 편입할 수 있는 자격을 획득하게 되었다. 이후 2004년에는 〈육군3사관학교 설치법〉으로 개정하고 교명 또한 육군3사관학교로 개칭하여 지금에 이르고 있다.

마. 해군사관학교

■ 경상남도 창원시 진해구 중원로 1

해군사관학교는 해군 장교를 양성하는 4년제 군사교육기관이다.
1946년 3군 사관학교 중 최초로 '해군병학교'로 개교하여, 1949년 '해군사관학교'로 개칭된 이래 2023년 77기 사관생도가 임관하였다.
해군사관학교는 사관생도들에게 해군 장교로서 직무수행에 필요한 기본지식을 습득시키고, 지도적 인격을 함양시키며, 강인한 정신력과 체력을 갖추도록 하는 것을 목표로 한다.
전공학과는 사회인문 · 군사학분야 3개, 이학분야 3개, 공학분야 3개 등 모두 9개의 전공학과가 있으며, 교육과정을 마치면 각각의 전공에 따라 공학사, 이학사, 문학사 학위와 함께 모든 졸업생에게 군사학사 학위가 복수로 수여된다.
4학년이 끝날 무렵 세부병종 선택권을 부여받는다. 세부병종은 두 가지로 항해와 상륙으로 나뉘는데 상륙을 선택하면 해병대 장교로 임관하고, 항해를 선택하면 해군 장교로 임관하게 된다.

왜 사관학교를 선호하나?

사관학교는 2020학년도까지 꾸준히 경쟁률이 증가하다가 학령인구 감소 등의 영향으로 경쟁률이 다소 하락하였으나 여전히 높은 경쟁률을 보였다.
2023학년도 입시에서 경쟁률은 육군사관학교(25.8), 해군사관학교(21.1), 공군사관학교(20.8)순으로 높았다.

<표II-1> 사관학교 지원 경쟁률

구분	2023	2022	2021	2020	2019	2018	2017	2016
공군사관학교	20.8:1	20.6	25.1	48.7	41.3	38.6	39.0	32.0
육군사관학교	25.8:1	24.4	26.2	44.4	34.2	32.8	31.2	22.0
국군간호사관학교	미공개	26.6	27.7	44.3	47.7	50.0	51.7	35.6
해군사관학교	21.1	20.7	22.0	25.1	38.5	39.0	29.4	25.1

특히, 공군사관학교는 인문 남학생(10.7), 인문 여학생(20.5), 자연 남학생(22.8), 자연 여학생(43.9)으로 인문계열보다 자연계열, 남학생보다 여학생의 경쟁률이 각각 두 배 정도 높게 나타났다.
해군사관학교 역시 남학생(19:1)에 비해 여학생(33:1)의 경쟁률이 높았다.
높은 지원률에서 볼 수 있듯이 사관학교는 다음과 같은 장점을 가지고 있다.

가. 복수지원, 이중등록 금지 대학 적용 제외

사관학교는 특별법으로 설립된 대학으로서 수시모집 6회 지원, 정시모집 3회 지원 제한에 해당하지 않으며, 복수 지원 및 이중등록 금지 예외 대학이다.

<표Ⅱ-2> 특별법으로 설치된 대학

- 육군/해군/공군/국군간호사관학교, 경찰대학
- 광주과학기술원(GIST), 대구경북과학기술원(DGIST), 울산과학기술원(UNIST), 한국과학기술원(KAIST), 한국에너지공과대학(KENTECH)
- 한국예술종합학교, 한국전통문화대학교, 한국방송통신대, 한국폴리텍대, 한국농수산대 등

일반 대학 수시모집의 경우 4년제 전형 기간이 길어도 최대 6개 선형 이내에서 복수 지원이 가능하다. 그러나 복수 지원 및 이중등록 금지 원칙은 대학(산업대학 · 교육대학 · 전문대학 포함)과 특별법으로 설치된 대학(경찰대 · 사관학교 · KAIST 등) 간에는 적용되지 않는다. 즉, 특별법으로 설치 및 운영되는 대학은 복수 지원 금지, 이중 등록금지 원칙이 적용되지 않아 수시 6회 지원 이외에 추가로 지원할 수 있다.

그러므로 수험생들에게 이들 대학은 보험 역할을 한다. 추가 지원 기회가 한 번 더 주어지는 동시에, 합격 이후에 정시모집에 추가 지원의 기회까지 부여된다는 이점은 사관학교의 높은 경쟁률의 원인이 된다.

나. 수능 이전 1차 시험 실시

사관학교에 입학하기 위해서는 모두 1차 시험에 응시해야 한다. 1차 시험과목은 국어, 영어, 수학 과목으로 대학수학능력시험보다 난도가 다소 높다고 볼 수 있다.

대학수학능력시험이 11월에 실시되는 반면, 사관학교의 1차 시험은 7월말에 실시된다.

그래서 대학수학능력시험을 준비하는 수험생들 중 이들 대학에 입학의사와 상관없이 모의수능 차원에서 지원하는 경향이 있어 왔다.

이에 해군사관학교는 2020학년도 입시부터 허수 지원자를 거르기 위해 지원동기서 제출을 요구했다. 입학 의지가 크지 않지만 모의수능 차원에서 지원하던 수험생들에게 1,500~3,000자 정도의 자기소개서 작성은 적지 않은 부담이 되었을 것이다. 이런 이유로 2019학년도 38.5:1에서 24.1:1로 경쟁률이 낮아졌다.

2021학년도부터는 4개 사관학교 모두에서 원서접수와 함께 지원동기서를 작성해서 제출하도록 요구하였고, 이에 40:1이 넘던 경쟁률이 절반 가까지 줄어들었다.

2021학년도부터는 이러한 허수 지원자가 빠지게 되었고, 2022학년도 입시에서는 20.6:1(공사)~26.6:1(국간사) 정도의 경쟁률을 보였다. 하지만 여전히 높은 경쟁률을 보이고있다.

다. 다양한 학위 취득 교육과정 운영

사관학교는 학교교육에서 군사학 관련 교육활동만 이루어지는 것으로 오해하는 경향이 있다. 그러나 사관학교는 복수학위제를 도입하여 군사학 전공과정 이외에도 문·이과 계열의 기초 교양과목과 전공과정으로서 일반학 학위과정을 함께 운영한다. 즉, 졸업과 함께 군사학위와 함께 본인의 희망에 따른 전공 학위를 복수로 취득하게 된다. 교수 1명당 생도의 비율이 10명 이하여서 맞춤형 개인지도와 다양한 수업이 가능하다.

<표Ⅱ-3> 육군사관학교 전공과정

[일반학 전공과정]

18개 과정 27개 트랙(3개 융합전공 과정)

- **문과**: 국제관계(안보, 법학), 리더십(심리, 경영), 군사사, 군사영어, 군사인문, 응용경제, 지역학(프랑스, 독일, 스페인, 중국, 일본, 러시아, 아랍), 융합전공(군대사회문화연구)
- **이과**: 응용물리, 응용화학, 운영분석, 컴퓨터과학, 토목공학 환경공학, 시스템공학, 기계공학, 전자공학, 융합전공(사이버전, 인공지능)

[군사학 전공과정]

4개 영역(국방전략, 지휘관리, 군사과학, 군사공학) + 군사이론 및 군사훈련

육군사관학교의 경우 일반학 전공과정에 18개 과정(27개 트랙)을 운영하며, 군사학 전공과정에 4개 영역을 운영하고 있다.

<표 II-4> 육군3사관학교 전공학과 편성

<table>
<tr><th>구분</th><th colspan="3">인문학</th><th colspan="3">사회학</th><th colspan="3">이학</th><th colspan="3">공학</th></tr>
<tr><td>일반
전공
(12개)</td><td>영어학</td><td>심리학</td><td>군사
사학</td><td>경제
경영학</td><td>정치
외교학</td><td>법정학</td><td>국방
시스템
과학</td><td>컴퓨터
과학</td><td>화학
환경과학</td><td>기계
공학</td><td>건설
공학</td><td>전자
공학</td></tr>
<tr><td>융합
전공
(2개)</td><td colspan="6">안보통상학</td><td colspan="6">로봇공학</td></tr>
</table>

육군3사관학교에 개설된 전공학과로는 영어학과, 심리학과, 군사사학과, 경제 · 경영학과, 정치외교학과, 법정학과, 컴퓨터과학과, 국방시스템과학과, 화학환경과학과, 기계공학과, 전자공학과, 건설공학과, 안보통상학과, 로봇공학과 등 14개 학과가 있으며, 이밖에 교과 과정 중에서 군사학 관련 과목을 필수적으로 이수해야만 한다.

<표 II-5> 공군사관학교 전공과정

- 문과계열: 국제관계학, 국방경영학, 항공우주정책학
- 이과계열: 컴퓨터과학
- 공과계열: 항공우주공학, 기계공학, 전자통신공학, 시스템공학

공군사관학교의 경우에도 학위교육과정은 교양과정과 전공과정으로 편성되어 있으며, 전공과정에 군사전공과정 이외에 일반전공과정을 운영한다.

일반학 전공과정은 국제관계학, 국방경영학, 항공우주정책학, 컴퓨터과학, 항공우주공학, 기계공학, 전자통신공학, 시스템공학이 있다. 전공반의 운영은 2학년 2학기부터 실시한다.

그리고 교양과정은 공통과정과 문 · 이 · 공과계열별 특성을 고려한 동일계열 이수과목과 타계열 이수과목으로 분류된다.

생도들은 졸업 시에 양 학사를 수여받는데, 일반학 전공에 따라 문학사 · 이학사 · 공학사 학위를 수여받고, 동시에 군사학 전공을 이수함에 따라 군사학 학위도 수여받는다.

<표Ⅱ-6> 해군사관학교 전공 교육과정

구분		학점	교 과 목 (학점)
군사학 (제1전공)	필수	34	군대윤리(3), 리더십개론(3), 충무공과한국해군(2), 해군교리및작전(3), 군사학개론(2), 해전사(3), 북한학(2), 해군무기체계공학(3), 국방사이버보안 및 실습(3), 함정공학개론(3), 항해학개론(3), 선박조종론(2), 추진체계학(2)
	선택	8	군사심리학(2), 병법사상의 이해(2), 전략론(2), 군사법(2), 상륙전사와전술(2), 해군군사실무(2), 수중음향학(2), 잠수함공학개론(2), 무인체계공학(2), 해사법규(2), 항해계기학(2)
일반학 (제2전공)	필수	18	**이과(4개)**: 전자제어공학, 조성공학, 기계시스템공학, 해양학 **문과(3개)**: 국제관계학, 군사전략학, 외국어학 **공통(2개)**: 국방경영학, 사이버과학 * 2학년(15학점 5과목), 3학년(15학점 5과목), 4학년(9학점 3과목): 총 13과목
	선택	21	

해군사관학교는 군사실습(21학점) 외에 사회인문학 · 이공학 · 외국어 분야 교양과정을 59학점 이수해야 하며, 전공과정으로는 군사학과 일반학 과정을 운영한다.

일반학 전공과정에는 이과계열 전공으로 전자제어공학 등 4개, 문과계열에 국제관계학 등 3개, 공통으로 국방경영학 등 2개의 전공과정을 운영한다.

역시 졸업 후 군사 학위 취득과 함께 일반학 전공 수강 내용에 따라 문학사, 이학사, 공학사 중 한 개의 학위를 동시에 취득하게 된다.

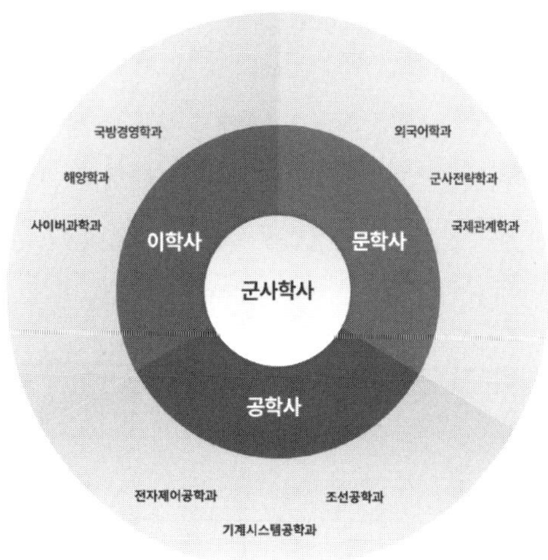

[그림Ⅱ-1] 해군사관학교 전공과 취득 학위

국군간호사관학교는 간호장교에게 요구되는 기본적인 군사지식 습득을 위한 군사학(19학점)과 초급간부로서 올바른 인성과 지휘역량을 구비하여 최적의 리더십을 발휘하기 위한 교과목으로 상당학점교육(35학점)을 이수하게 된다. 이 외에 컴퓨터 활동 등과 같은 교양과정으로 33학점과 임상심리사 2급 자격 취득을 위한 상담과정 교과목(5학점)을 이수하게 된다.
그리고 전문 간호인으로서의 지식, 기술, 태도를 습득하기 위한 교과목으로 전공과정(96학점)을 이수하게 된다.

라. 최고 수준의 다양한 교육프로그램 운영

육군사관학교는 자체 교육 이외에 국내 명문 대학들과 학점교류 프로그램을 운영하고 있으며, 국제교육 활성화를 통해 수월성과 장교교육의 유연성을 강화하고 개방성을 제고하기 위해 외국 군사교육기관과 교환학기 프로그램을 운영하고 있다. 현재 영국, 프랑스, 캐나나 사관학교 미 VMI등 4개 교육기관과 상호 협약을 통해 교환학기프로그램을 운영하고 있다.
또한 육사는 외국 사관학교에 생도를 파견 하는 위탁교육과 외국의 사관생도들을 받아 교육을 시키는 수탁교육을 각각 실시하고 있다. 수탁교육은 2002년 튀르키예를 시작으로 점차 확대되어 현재는 프랑스, 일본 등 10개국 29여 명의 사관생도들이 6개월부터 4년까지 육군사관학교에서 교육을 받고 있다. 그 외로 생도 국제단기 교환교육 및 해외 전사적지 탐방 등을 실시하여 생도들에게 외국의 다양한 문화를 체험하도록 하며 다변화하는 국제정세에 대처하는 능력을 갖추는 데 중점을 두고 시행하고 있다.
해군사관학교는 전 생도에게 재학 중 세계일주 원양실습 기회를 부여하고 있다. 또한, 재학 중 미국 · 프랑스 해군사관학교, 독일 해군장교학교, 일본 방위대학교 유학, 미국 해군사관학교, 영국 해군대학, 호주 국방사관학교, 일본 방위대 교환방문 및 미국 7함대 실습, 국제 학술 세미나(미국 해군사관학교, 일본 방위대) 참가 등의 해외 유학 · 교환방문 · 실습 기회를 제공하고 있다.
또한, 선진 지식과 기술 습득을 위해 중국 군사대학 어학연수, 첨단 해양기술 전문인력 연수, 아/태 지역 안보과정 연수, 함정 설계 및 건조관련 전문 기술교육, 국제 작전법 연수, 수중 의학과정 및 잠수의학, 해양의학 실무연수, P-3C PILOT/FE연수 등 23개 과정의 해외 연수 프로그램을 제공하고 있다.

그 외에도 체력 및 지도능력 배양을 위해 무도 및 해양체육(조정, 요트, 카누, 윈드서핑, 스킨스쿠버 등)을 실시하고 있으며, 태권도, 유도, 검도 중 1종목 단증 취득과 국제잠수사 자격증 취득 프로그램을 운영하고 있다.

공군사관학교는 외국 사관학교와 상호방문, 위 · 수탁교육 및 해외견학 등의 생도교류활동을 지속적으로 추진해왔으며 최근에는 유럽과 제3세계 국가로도 대상국을 확대하고 있다.

위탁교육은 외국사관학교 및 교육기관에서 교육과정을 이수하고 졸업 및 과정 이수 후 본교에 복귀하여 교육과정 이수 후 졸업하는 교육으로 2022년 현재 미국, 일본, 독일, 터키 4개국 위탁교육 과정을 시행하고 있다.

또한, 타국 군사력 이해 및 군사우호 증진, 전 · 사적지 견학 및 문화탐방을 통한 국제감각 고양 등을 목적으로 해외항법관숙훈련을 4학년 생도를 대상으로 실시하고 있다.

그 외 2학년 생도를 대상으로 생도들이 투철한 국가관과 안보관 · 역사관을 확립하도록 해외 역사탐방을 실시하고 있다.

육군3사관학교 역시 서울대 · 포스텍 · 경북대 등 우수대학과 학점을 교류하고 있으며, 전산 · 기사 · 더학 등 총 17개종의 자격증 취득기회가 주어지고 있다. 또한 현지인 · 전문 강사에 의한 영어 및 제2외국어 능력을 배양하고 있으며, 각종 단증 획득 및 육 · 해 · 공군 사관생도 교류 등을 통한 군사적 식견을 배양하는 프로그램을 운영하고 있다.

마. 교육비 및 기타 비용 국비지원

사관학교는 학비와 생활비를 전액 국비로 지원한다. 또한 4년 전액 국가등록금 외에 매월 81~110만 원(2023년도 기준) 정도의 품위유지비가 지급된다.

2023년 공무원 기준 인상률이 1.7%인 반면에 사관생도의 품위유지비는 7.0%~20.5%로 높게 인상되었다.

<표Ⅱ-7> 사관생도 품위 유지비

구분	2022년	2023년	인상률
1학년	756,800	810,000	7.0%
2학년	793,600	900,000	13.4%
3학년	829,400	1,000,000	20.5%
4학년	923,000	1,100,000	19.1%

그 외에도 생도는 재학 중 교육, 피복, 숙식에 소요되는 모든 비용을 국비로 지급받는다. 또 재학 중에 해외유학, 해외 대학 및 기관 교환방문, 세계일주 원양실습의 기회를 모두 국비로 제공받는다.

<표Ⅱ-8> 사관학교 재학 중 혜택

구분	재학 중 혜택
국군간호사관학교	의식주 및 학비 전액 면제, 매월 급여 및 품위유지비 지급, 성적우수자 해외 견학 특전, 노트북 등 보급품 지급
공군사관학교	의식주 및 학비 전액 면제, 매월 급여 및 품위유지비 지급, 성적우수자 해외 견학 특전, 노트북 등 보급품 지급, 스포츠 활동 지원 및 운전면허 취득 지원
육군사관학교	의식주 및 학비 전액 면제, 매월 급여 및 품위유지비 지급, 성적우수자 해외 파견교육 특전, 노트북 등 보급품 지급, 국외 문화탐방 및 국토순례지원
해군사관학교	의식주 및 학비 전액 면제, 매월 급여 및 품위유지비 지급, 성적우수자 해외 유학 및 교환학생 특전, 무도 및 해양 체육활동 지원, 노트북 등 보급품 지급, 영어 실력 배양 지원
육군3사관학교	의식주 및 학비 전액 면제, 매월 급여 및 품위유지비 지급, 국내외 및 해외 문화탐방, 전산·기사·어학 등 자격증 획득기회 제공 및 무도 단증 획득, 노트북 등 보급품 지급, 영어·제2외국어 능력 배양 지원

바. 졸업 후 다양한 진로 선택 기회 부여

사관학교는 졸업과 함께 군 장교로 임관하게 되어 안정적인 직업을 갖게 된다는 것이 이들 학교를 선호하는 큰 이유 중의 하나이다. 군 장교로의 진로가 가장 일반적인 코스이지만, 사관학교 출신은 이 외에도 다양하고 매력적인 진로에 대한 선택 기회가 부여되고 있다.

<표Ⅱ-9> 사관학교 병역(복무) 의무

구분	병역 의무	의무 복무 기간
국군간호사관학교	• 입학 전: 기초 군사훈련 4주 이수(군 훈련소) • 재학 중: 학년별 군사실습 및 간호실습	6년
공군사관학교	• 입학 전: 기초 군사훈련 4주 이수(군 훈련소) • 재학 중: 학년별 군사실습	10년(본인 희망에 따라 5년차에 전역 가능) 단, 파일럿은 15년 의무복무
육군사관학교	• 입학 전: 기초 군사훈련 4주 이수(군 훈련소) • 재학 중: 학년별 군사훈련(6~7주)	10년(본인 희망에 따라 5년차에 전역 가능)
해군사관학교	• 입학 전: 기초 군사훈련 4주 이수(군 훈련소) • 재학 중: 학년별 군사실습	10년(본인 희망에 따라 5년차에 전역 가능)

1) 국군간호사관학교

국군간호사관학교 학생은 졸업과 함께 전, 후방 군 병원에서 장교로서 임상근무를 하게 된다. 그 외에도 정책부서, 해외 파병근무 등을 할 수 있다.
또한 성적에 따라 치 · 의대, 국내외 대학원(석박사), 군사영어과정, 군사교육 등 국비 위탁교육 기회가 부여된다.
졸업 이후 6년간 의무복무해야 하며, 이후 전역 또는 장기복무를 신청한다. 전역 이후에는 의료기관이나 보건정책기관 등으로 진출이 가능하다. 학교 보건교사 준비과정은 66기부터 폐지되었다.

2) 공군사관학교

공군사관학교는 2024년 신설된 우주 · 신기술 전문인력으로 선발된 인원을 제외하고, 4년간의 생도생활을 무사히 마치게 되면 비행훈련 입과에 대한 최종 신체검사를 받게 된다. 신체검사를 통과하고 2년간의 조종훈련을 통과한 생도의 경우 조종 특기 장교로 15년간 의무복무를 하게 된다. 이후 전역을 하여 민간항공으로 취업하거나 장기복무를 선택하게 된다.
만약 신체검사나 비행훈련 과정을 통과하지 못한 생도의 경우 조종 이외의 특기를 받아 장교로서 군복무를 하게 된다. 이때 비조종 특기의 경우 의무복무는 10년이다. 10년차가 끝날 때 장기복무와 전역을 선택할 수 있다.
이 외에 군에서 운영하는 프로그램에 지원해 선발된다면 국내 · 외 대학에서 석 · 박사 코스를 밟을 수 있다.

3) 육군사관학교

육군사관학교 생도들은 졸업과 동시에 문학사, 이학사, 공학사 및 군사학사의 2개 학위를 취득하며, 육군 소위로 임관한다. 임관 후에는 계급별 군사 교육을 수료하고, 야전부대에서 각급제대 지휘관 및 참모직책을 수행하며, 주요 정책부서에서 군사전문가로 활동하기도 한다. 본인 희망에 따라 국내외 대학원에서 석 · 박사과정 위탁교육을 받을 수 있다. 졸업 후 의무복무기간은 10년이며, 본인 희망에 따라 5년차에 전역할 수 있다.
8개 전투병과(보병, 포병, 기갑, 공병, 정보, 정보통신, 방공, 항공), 4개 기술병과(화생방, 병기, 병참, 수송), 4개 행정병과(인사, 군사경찰, 재정, 공보정훈), 1개 특수병과(의정) 중 선택할 수 있다.

4) 해군사관학교

해군사관학교 생도들은 졸업과 함께 해군 장교(소위) 또는 해병대 장교 등 자신의 적성에 맞는 다양한 병과를 선택하여 복무하게 된다. 선택한 병과에 따라 항해사, 기관사 및 항공기 조종사 등의 면허취득이 가능하다.
그 외에도 국비 지원으로 국내 · 외 대학원에서 석 · 박사 학위 취득이 가능하며, 국내 · 외의 다양한 유학 및 연수 기회가 부여된다.
졸업 후 군복무 5년째 되는 해에 전역(사회진출) 기회가 1회 부여되며, 20년 이상 근속 후 퇴직(전역) 시 평생 연금 혜택이 부여된다.

앞서 살펴본 바와 같이 사관학교는 입시에서의 추가 기회제공 이외에도 국비지원으로 최고 수준의 다양한 교육프로그램을 받을 수 있다는 점과 졸업 후 안정적인 직업을 갖게 된다는 점이 장점으로 작용한다고 볼 수 있다.
하지만 사관학교는 기숙사에서 단체생활을 해야 하고, 일반대학에 비해 생활이 자유롭지 못하다는 점도 고려해봐야 한다. 특히 사관학교는 군사실습 등 체력이 필요한 교육과정도 다수 소화해내야 하므로 강한 체력도 필수조건이다. 임관 뒤에는 다른 직종에 비해 이동이 잦은 편이어서 직업적 안정성과 제복 입은 멋진 생도에 대한 막연한 동경만으로 지원해서는 안 된다.

무엇보다도 군인은 국가와 국민의 안녕과 질서유지를 위해 필요한 직업으로 그에 걸맞은 높은 소명의식이 필요하다. 그렇기 때문에 높은 리더십과 공동체의식을 요구한다. 군 장교를 양성하는 특수목적대인 만큼 본인의 적성에 맞는지를 우선적으로 고려해야 한다.

사관학교 입시의 특징은?

사관학교 입시도 일반대학 입시와 동일하게 일반전형과 특별전형으로 구분할 수 있다.
사관학교는 모두 1차 시험과 2차 시험으로 구분하여 진행이 되며, 1차 시험일은 4개 사관학교가 모두 동일하기 때문에 4개 사관학교 간에 중복지원은 불가하다.
사관학교 입시는 수능성적을 반영하지 않는 우선선발 제도와 수능성적을 반영하는 종합선발로 구분할 수 있다. 각각 일반대학의 수시모집과 정시모집과 유사하게 볼 수 있다.
단, 일반대학과 다르게 지원시기를 달리하지 않고 최초의 지원자격으로 진행된다.

가. 모집인원

<표Ⅱ-10> 사관학교 모집인원(2024학년도)

구분	모집인원(명)		
	일반전형	특별전형	계
국군간호사관학교	84	6	90
공군사관학교	220	15	235
육군사관학교	312	18	330
해군사관학교	162	8	170

2024학년도 4개 사관학교는 825명을 모집한다. 학교별 모집인원은 육사 330명, 해사 170명, 공사 235명, 국간사 90명으로, 공사가 모집인원을 2022년 20명 확대한 후 인원을 유지하고 있다.
사관학교 역시 일반대학과 같이 일반전형과 특별전형으로 구분하여 모집한다.
4개 사관학교는 인문/자연 및 남학생/여학생의 비율을 구분하여 모집한다.

4개 사관학교는 우선선발에서 학교장추천과 일반(적성우수)선발 및 특별전형으로 나누어 선발한다. 학교장추천전형으로 지원하여 1차 시험을 통과하였으나 선발되지 못한 수험생은, 순차적으로 일반우선전형과 종합선발전형의 기회를 추가로 받게 된다.
수능성적을 반영하는 종합선발전형도 있다. 2021학년도부터 종합선발을 실시한 공군사관학교가 전형을 그대로 유지하면서 4개 사관학교 모두 종합선발을 실시한다. 사관학교의 경우 수능이전에 우선선발전형에 지원한 수험생들도 미선발될 경우 종합선발 대상자로 포함된다.

<표Ⅱ-11> 사관학교 전형별 모집인원

구분		모집인원(명)			
		국군간호사관학교		공군사관학교	
		인문	자연	인문	자연
성별 모집인원		37	53	남 70 여 16	남129 여 20
우선 선발	학교장추천	17	25	70(30%)	
	일반우선	3	5	94(40%)	
	특별전형	3	3	15(6%)	
종합선발		14	20	46(20%)	
합계		90		235	

국군간호사관학교는 4개 사관학교 중에는 가장 소수의 인원인 90명을 모집한다. 일반전형에서 우선선발과 종합선발로 각각 50명/34명을 선발한다. 2023학년도부터는 일반전형의 우선선발에서 고교학교장추천전형 이외에 일반우선 선발로 8명(인문 3명, 자연 5명)을 선발하게 된다.
특별전형은 고른기회, 독립유공자 손자녀 및 국가유공자 자녀, 재외국민자녀 각 2명으로 총 6명을 모집한다. 성별 선발비율은 남자 10%, 여자 90% 내외다. 다른 사관학교에 비해 여자의 비율이 높다.
공군사관학교의 모집인원은 235명이다. 모집 비율은 우선선발(일반전형/특별전형) 80%, 종합선발 20% 내외를 유지해 우선선발 189명 종합선발 46명 내외를 모집한다.
성별에 따른 모집인원은 남자 199명(85%) 여자 36명(15%)이다. 남자는 인문계열 60명으로 2022학년도 85명에서 2023학년도 70명에서 매년 감소되었으며, 자연계열 139명 내외를 선발하고 여자는 인문/자연 각 16/20명 내외를 선발한다. 자연계열의 선발 비율이 타 사관학교에 비해 다소 높다.

특별전형에 우주 · 신기술전문인력전형으로 비조종 분야 인원 4% 정도를 2024학년도부터 신설 모집한다.

<표Ⅱ-12> 사관학교 전형별 모집인원(2024학년도)

구분		모집인원(명)			
		육군사관학교		해군사관학교	
		인문	자연	인문	자연
성별 모집인원		남 130 여 25	남 158 여 17	남 65 여 13	남 79 여 13
우선 선발	학교장추천	115 (35% 이내)		34 (20%)	
	적성(일반)우수	115 (35% 이내)		102 (60%)	
	특별전형	18 (5% 이내)		8 (4% 내외)	
종합선발		82 내외 (25% 내외)		34 내외 (20% 내외)	
합계		330		170	

육군사관학교는 2024학년 330명을 모집한다. 남자 288명(87.3%), 여자 42명(12.7%)이다. 전형별 모집인원은 우선선발 고교학교장추천 115명, 적성우수 115명, 종합선발 82명이다. 2023학년도 대비 우선선발의 60%에서 70%로 증가되었으며, 종합선발은 116명(35%)에서 82명(25%)으로 감소되었다. 성별 비중에서도 여학생 선발인원이 2명 증가했다.

특별전형은 독립유공자 손자녀 및 국가유공자 자녀, 고른기회–농어촌학생, 고른기회–기초생활수급자 및 차상위계층 3개 전형으로 18명을 선발한다. 재외국민자녀로 5명 이내 성 · 계열 미구분하여 선발한다.

해군사관학교는 170명을 선발한다. 성별 선발인원은 남자 144명((85%), 여자 26명(15%)이다. 여생도를 2023학년도와 동일하게 15% 모집한다. 학교장추천 인원이 34명(20%), 일반우선선발 인원이 94명 내외로 가장 많다. 일반우선선발은 특별전형 선발인원에 따라 최대 102명까지 선발한다. 특별전형은 전체 선발인원은 8명 이내이며, 종합선발은 34명을 선발한다.

나. 전형 일정(2024학년도 입시)

2024학년도 4개 사관학교의 원서접수는 6월 16일부터 6월 26일까지 진행된다. 사관학교는 원서접수와 함께 지원동기서를 작성해야 한다. 1차 시험일은 4개 사관학교가 모두 7월 29일(토) 진행되며, 1차 시험에서의 합격자에 한하여 AI면접과 2차 시험이 순차적으로 진행된다.

2차 시험은 · 신체검사 · 체력검사 · 면접시험으로 구분이 되며, 각 단계별로 합격자에 한하여 단계별 성적이 점수화되어 최종사정에 활용된다.

<표Ⅱ-13> 2024학년도 사관학교 전형 일정

<table>
<tr><th colspan="2">일정</th><th>국간사</th><th>공사</th><th>육사</th><th>해사</th></tr>
<tr><td colspan="2">원서접수
(지원동기서 작성)</td><td colspan="4">2023.6.16(금) 09:00~6.26(월) 18:00</td></tr>
<tr><td colspan="2">1차 시험</td><td colspan="4">2023.7.29(토)</td></tr>
<tr><td colspan="2">1차 발표</td><td>8.14(월)</td><td>8.11(금)10:00</td><td>8.11(금) 09:00</td><td>8.9(수) 09:00</td></tr>
<tr><td colspan="2">성적확인 및
2차 시험 지원확정</td><td>8.4(금)~8.8(화),
8.18(금)~8.21(월)</td><td>8.4(금)~8.7(월),
8.11(금)~8.16(수)</td><td>8.4(금)~8.8(화)
8.11(금)~8.16(수)</td><td>8.4(금)~8.6(일)
8.9(수)~8.15(화)</td></tr>
<tr><td rowspan="3">2차
시험</td><td>신체검사</td><td rowspan="3">AI면접:
8.25(금)~8.29(화)
9.11(월)~9.27(수)</td><td rowspan="3">AI면접:
8.29(월)~
10.14(금)</td><td rowspan="3">9.4(월)
~10.31(화)</td><td rowspan="3">9.4(월)
~10.24(화)</td></tr>
<tr><td>체력검사</td></tr>
<tr><td>면접시험</td></tr>
<tr><td colspan="2">최종합격</td><td>11.7(우선)
12.19(종합)</td><td>11.11(우선)
12.16(종합)</td><td>11.10(금) 09:00</td><td>11.2(우선)
12.19(종합)</td></tr>
</table>

다. 전형 방법

1) 지원동기서

사관학교는 특별법에 의해 설치된 대학이라 수시모집 응시 6회 제한을 받지 않는다. 이 때문에 본인의 적성과 관계없이 입시에서의 보험 차원에서 지원하는 허수 지원자가 많았다. 이에 사관학교는 2021학년도부터(해군사관학교는 2020학년도부터) 원서접수 시 지원동기서를 요구하여 허수 지원자를 막고 있다.

문항은 지원동기와 성장배경 및 가치관 관련한 문항으로 1,000자~3,000자 정도 작성해야 한다. 작성 시 가족 · 지인 등 특정인을 유추할 수 있는 인적 사항(성명, 출신고교, 주소 등), 부모 직업, 직책, 계급(직급) 등 구체적인 내용은 작성할 수 없다. 2023학년도 육군사관학교는 기존의 다섯 개에서 두 개로 문항을 줄이고 내용도 지원동기, 비전/포부, 가치관으로 줄였다. 2022학년도의 성장과정, 학교생활, 비교역량은 삭제되었다.

해군사관학교는 기존의 세 개 문항을 내용 변화 없이 그대로 사용했다. 공군사관학교는 기존의 두 개 문항을 그대로 사용하며, 1번 지원동기 분야의 '향후계획' 문구를 '진로계획'으로 바꿨다. 국군간호사관학교는 기존의 두 개에서 세 개로 문항을 늘리며, 학교생활 분야 3번 문항을 추가했다.

2024학년도에도 지원동기서는 사전공개를 하지 않고 원서접수 기간에 공개한다.

<표 II-14> 사관학교 지원동기서(2023학년도)

문항	공군사관학교	국군간호사관학교
1번	**[지원동기 및 계획/포부]** 공군사관학교에 지원하게 된 동기와 이를 위해 기울인 노력을 기술하고 합격하게 된다면 앞으로 어떤 사관생도 혹은 장교가 되고 싶은지 진로계획과 함께 기술하십시오. (600~1,000자)	**[지원동기 및 진로계획]** 지원하게 된 동기와 이를 위해 기울인 노력을 기술하고, 앞으로 사관생도 혹은 간호장교로서의 진로계획과 포부를 기술하시오. (500~1,000자)
2번	**[성장배경과 가치관]** 지원자가 자라온 환경에 대해 간단히 기술하고, 성장 과정에서 자신의 단점이나 한계 또는 어려웠던 일을 극복한 사례는 무엇이며, 그것을 어떻게 극복하였는지, 이를 통해 느낀 점이나 변화된 점은 무엇인지 가치관과 연관지어 기술하시오. (600~1,000자)	**[가치관]** 성장과정에서 가장 힘들었던 일(상황 또는 시기)이나 의미 있던 경험은 무엇이며 어떻게 대처하였는지 이를 통해 느낀 점이나 변화된 점은 무엇인지 자신의 가치관과 연관 지어 기술하시오. (500~1,000자)
3번	없음	**[공동체 관련 경험]** 고등학교 재학 기간 중(혹은 이에 준하는 기간) 타인과 공동체를 위해 노력한 경험과 이를 통해 배운 점을 기술하시오. (500~1,000자)

문항	육군사관학교	해군간호사관학교
1번	**[지원동기 및 진로계획]** 육군사관학교에 지원하게 된 동기나 계기, 준비과정 등을 기술하시오. * 지원 및 입학을 위해 기울인 노력, 본인의 의지, 군에 대한 관심도 등을 기술 (600~1,000자)	**[지원동기]** 해군사관학교에 지원하게 된 동기와 이를 위해 기울인 노력을 기술하고 합격하게 된다면 앞으로 어떤 사관생도 혹은 장교가 되고 싶은지 향후 계획과 함께 기술하십시오. (500~1,000자)
2번	**[비전/포부, 가치관]** 본인의 가치관(성격, 국가관, 안보관 등)과 육군사관학교 입학 후 생도 및 장교로서의 계획 및 포부 등에 대해서 기술하시오. (600~1,000자)	**[성장배경과 가치관]** 지원자가 자라온 환경과 본인의 성격에 대해 간단히 기술하고, 성장 과정에서 가장 힘들었던 일(상황 또는 시기)은 무엇이며, 그것을 어떻게 극복하였는지, 이를 통해 느낀 점이나 변화된 점은 무엇인지 본인의 좌우명과 함께 기술하여 주십시오. (500~1,000자)
3번	없음	**[학교생활]** 지원자가 학업을 위해 기울인 노력과 이를 통해 배우고 느낀 점을 구체적 사례와 함께 기술하고 이와 더불어 학업 이외의 활동(봉사활동, 동아리활동, 비교과 탐구활동 등)을 통해 배우고 느낀 점, 이를 통해 얻은 것에 대해 기술하여 주십시오. * 단 학업 이외의 활동의 경우 학생부에 기록된 내용에 대해 기술하여 주시고, 필요 시(학생부 미기재 또는 검정고시) 증빙서류(봉사활동 확인서, 수상기록 등) 제출하여야 합니다. (500~1,000자)

* 해군사관학교는 2024학년도 2개 문항으로 축소 예정.

2) 1차 시험

사관학교의 1차 시험은 국어, 수학, 영어의 필기고사 형태로 수능의 유형과 크게 다르지 않다. 수능을 준비해온 수험생들은 별도의 준비 없이 각 사관학교의 입학안내 홈페이지에 공개된 기출문제를 통해 1차 시험을 준비할 수 있다.

2024학년도 사관학교 1차 시험은 4개 사관학교 동일하게 7월 29일 실시된다. 시험은 수능과 유사한 형태로 국영수 각 30문항 출제한다. 1교시 국어와 영어는 50분간 진행되며, 국어는 독서와 문학에서 출제되며, 영어는 영어Ⅰ과 영어Ⅱ에서 출제하며 듣기평가는 제외된다.

3교시 수학은 100분간 진행되며 출제범위는 수능과 동일하게 공통과목은 수학Ⅰ과 수학Ⅱ이고, 계열에 따라 확률과통계/미적분/기하 중 택하게 되어 있다.

1차 시험 성적을 바탕으로 육사의 경우 남자는 모집정원의 5배수, 여자는 8배수를 선발한다. 해사는 남자 4배수, 여자 8배수로 선발하며 공사는 남자 인문 4배수 자연 6배수, 여자 인문 8배수 자연 10배수를 선발한다. 국간사는 남자 자연은 8배수, 나머지 단위는 4배수를 선발한다. 다만 육사의 학교장추천전형의 경우 1차 시험의 성적이 점수로 반영되지 않고 F/P로만 반영된다.

2023학년도부터 공군사관학교의 경우 1차 시험에서 과목과락제(과목별 원점수 60점 미만이면서 표준점수 하위 40% 미만인 경우 불합격)를 올해 폐지했다는 점도 특징이다.

사관학교 1차 시험은 각 사관학교 홈페이지에 탑재된 선행학습영향평가 보고서를 통해 준비할 수 있다.

<표Ⅱ-15> 사관학교 1차 시험 과목 및 일정

<table>
<tr><th>구분</th><th>과목</th><th>시험시간(소요시간)</th><th colspan="2">범 위</th></tr>
<tr><td>1교시</td><td>국어(30문항)</td><td>09:10~10:00(50분)</td><td colspan="2">독서, 문학</td></tr>
<tr><td>2교시</td><td>영어(30문항)</td><td>10:30~11:20(50분)</td><td colspan="2">영어 Ⅰ, 영어 / 듣기 제외</td></tr>
<tr><td rowspan="3">3교시</td><td rowspan="3">수학(30문항)</td><td rowspan="3">11:50~13:30(100분)</td><td colspan="2">(공통) 수학 Ⅰ, 수학 Ⅱ</td></tr>
<tr><td>인문계열</td><td>자연계열</td></tr>
<tr><td>(선택)확률과 통계, 미적분, 기하 중 택 1</td><td>(선택) 미적분, 기하 중 택 1</td></tr>
</table>

※ 시험장 입실시간: 08:10~08:30(09:00 이후 입실 불가)

※ 점심식사 미실시

※ 매 교시별 쉬는 시간 20분, 시험지 배포 및 좌석 재배치 시간 10분 부여

[계열별 반영 과목]

- 인문 계열 국어(공통과목) + 영어 + 수학(공통과목 + 선택과목 3개 중 택 1)
- 자연 계열 국어(공통과목) + 영어 + 수학(공통과목 + 선택과목 2개 중 택 1)

3) 2차 시험

2차 시험은 신체검사, 체력검사, 인성·적성검사, 면접 등으로 나뉘어 진행된다. 다만 해

사의 경우만 추가로 고교학교장추천에서 잠재역량평가를 반영한다.

체력검사, 면접시험은 진행단계에 따라 합격/불합격 결정 후 합격자만 최종사정에 반영되지만, 신체검사에서는 합격/불합격만 판단한다. 신체검사 기준은 대한민국 각 군 신체검사 기준을 적용한다.

① 신체검사

■ 국군간호사관학교

신장 · 체중에 따른 합격등위: 〈육군규정 161. 건강관리규정〉에 따라 "신장 · 체중에 따른 신체등위" 적용하여 1~2급을 원칙으로 하며, 3급은 심의를 통해 합격여부를 결정한다.

<표Ⅱ-16> 신체등위 기준(BMI, Body Mass Index, 체질량지수 기준)

[남자] 단위: BMI(kg/m^2)

신장(cm) \ 등급	1급	2급	3급	4급
161미만			17이상~33미만	17미만 33이상
161이상	20이상~25미만	18.5이상~20미만 25이상~30미만	17이상~18.5미만 30이상~33미만	17미만 33이상

[여자] 단위: BMI(kg/m^2)

신장(cm) \ 등급	1급	2급	3급	4급
155미만			17이상~33미만	17미만 33이상
155이상	20이상~25미만	18.5이상~20미만 25이상~30미만	17이상~18.5미만 30이상~33미만	17미만 33이상

* 신장의 측정단위는 센티미터로 하되, 소수점 이하는 첫째 자리까지 포함하며, 체중의 단위는 킬로그램으로 하되, 소수점 이하는 첫째 자리까지 포함한다. BMI를 계산하고 산출된 BMI 지수 중 소수점 둘째 자리 이하는 버린다.

* **신체검사 주요 불합격 기준**
아래 불합격 기준은 주요 사항만 요약한 일부. 세부기준은 국군간호사관학교 입학안내 홈페이지에 게시된 〈신체 각과별 요소평가 기준표〉에서 확인 가능.

<표II-17> 신체검사 주요 불합격 기준

구분	주요 불합격 기준 (일부 예시)
내과	• 저혈압(수축기 혈압이 81mmHg 미만 또는 이완기 혈압이 51mmHg 미만일 때) • 고혈압(항고혈압제 치료에도 불구하고 평균 이완기 혈압이 120mmHg 이상일 때 등) ※ 24시간 혈압측정검사 결과 있을 시 낮 동안 측정한 혈압의 12회 이상의 평균치로 판정 • 심부전(심장기능도 II이상) • 당뇨병, 악성종양, 만성췌장염, 윌슨씨병, 빈혈, 기관지 천식
피부과	• 아토피성 피부질환 또는 이에 준한 재발성 피부염(체표면의 20% 이상인 경우) • 건선(중등도 이상) • 수장족저 다한증(주먹을 쥐었을 때 2분 이내에 땀이 떨어지는 경우) • 문신 또는 자해로 인한 반흔이 신체 한 부위의 지름이 7cm를 초과한 경우 또는 합계면적이 30cm^2 이상인 경우 또는 고도(상지, 하지, 체간 및 배부 전체에 걸쳐져 있는 상태)인 경우 또는 경도의 문신이더라도 혐오감 및 위화감을 조성하는 내용이거나(성적 표현, 욕설, 테러단체 옹호 문구 등), 얼굴, 목 등 군 간부 품위를 손상하는 신체부위일 경우
비뇨기과	• 만성 신우신염, 신결손
외과	• 화상(2도 또는 3도 화상으로 전체 피부면적의 10% 이상인 경우)
정형외과	• 골절로 슬관절 및 족관절의 기능장애가 있는 경우 • 편평족(변형이 있거나 동통이 있는 경우 등), 하지의 단축 2cm 이상 • 척추측만증(코브스씨 측정법으로 골변형 동반이 확인된 경우로 20도 이상) • 척추 전방 전위증
신경외과	• 수핵탈출증(보존적 치료로 증상 호전 제외)
안과	• 근시: 굴절도 -9.0D 이상 • 원시: 굴절도 +4.0D 이상 • 난시: 수평수직 굴절률 차이 4.0D 이상 • 부동시: 양안의 곡광도 차이가 4.0D 초과 • 시력장애: 시력이 나쁜 눈 시력이 0.6 미만(최대 교정시력으로 판정) • 수평사위: 20프리즘 이상 • 수평사시: 10프리즘 이상 • 수직사시: 6프리즘 이상(수직사위는 사시에 준함)
이비인후과	• 선천성 외이 기형 • 만성 부비동염(비용을 동반한 경우) • 비중격 천공, 위축성 비염
산부인과	• 자궁 및 자궁 부속기의 종양(악성) • 자궁내막증(경증 또는 치료 후 증상의 호전이 뚜렷한 경우 제외)
치과	• 부정교합(중등도, 고도) • 전치부결손(치조골 결손이 포함된 경우) • 습관성 탈구(임상적 및 X-선상 확인된 악관절 기능 이상이 있는 경우)
정신건강의학과	• 주요 우울장애

■ 공군사관학교

신체검사는 검사 당일 합격/불합격 판정을 내린다.

- 대한민국 공군 공중근무자 신체검사 기준 적용.
- 저시력자 중 공군사관학교 신체검사를 통해 굴절교정술 수술적합자는 합격 가능.

※ 단, 굴절교정술을 받은 시기가 만 21세 미만인 경우는 불합격이며, 수술시기가 만 21세 이상인 경우는 의료기록 검토 후 불합격 조건에서 제외 가능하다.

<표Ⅱ-18> 신체검사 기준(공군 공중근무자 신체검사 기준 적용)

구분	주요불합격 사유
체 격	• 신장: 162cm 미만, 196cm 초과 • 좌고: 86cm 미만, 102cm 초과 • 체중: 신장별 체중표 참조 * 공사 입학안내 홈페이지 별도 공지
안 과	• 시력: 나안시력 0.5 미만, 교정시력 1.0 미만 • 굴절(조절마비 굴절검사): 어느 경선에서나 +2.00D 또는 -1.50D 초과, 난시: 1.50D 초과 / 부동시: 2.00D 초과 • 경도이상의 사위(외사위: 6PD 초과, 내사위: 10PD 초과, 수직사위: 1.5PD 초과) 모든 종류의 사시 * 사시수술의 병력이 있는 경우 신검 당일 기준 수술 6개월 경과 후 판정 가능 • 색각 이상 • 입체시 이상 • 고안압증(22mmHg 이상) • 망막: 망막박리, 변성, 반흔 등 • 각막: 각막염, 각막궤양, 진행성이거나 시력장애를 초래하는 모든 종류의 각막혼탁, 각막 이영양증, 원추각막 등 • 합병증을 동반하는 첩모난생 • 굴절교정술의 병력 **〈지원자 연령이 2023. 1. 1. 기준 만 17세 이상, 만 21세 미만인 자〉** • 굴절교정술의 병력(라식, 라섹, 렌즈삽입술 등) **〈제대군인지원에 관한 법률에 따라 입학연령이 연장된 자 중 2023. 1. 1. 기준 만 21세 이상, 만 24세 미만인 자〉**

표 이어서 ▶

<table>
<tr><th colspan="2">구분</th><th>주요불합격 사유</th></tr>
<tr><td colspan="2">안 과</td><td>수술시기가 만 21세 이상인 자의 굴절교정술의 병력은 주요 불합격 사유에 해당하나, 의무기록[수술 전 굴절률, 수술기록지(수술날짜, 수술방법) 필수] 제출이 가능할 경우에 한하여 의무기록 검토를 통해 다음 조건을 모두 만족하면 불합격 조건에서 제외 가능.
1) 수술시기: 만 21세 이상
2) 수술 전 굴절률: 어느 경선에서나 +0.50D 또는 -5.50D 이하, 3.00D 이하의 난시, 2.50D 이하의 부동시
3) 수술방법: LASIK, LASEK, PRK, SMILE 중 하나에 해당하는 경우
4) 신체검사 당일 굴절교정수술 시행 날로부터 180일 경과한 경우
* 단, 재검기간 2주 이내 180일 도래 불가능한 경우 불합격
5) 다른 안과 불합격 기준에 해당하지 않는 경우

• 안검하수: 안검연광반사거리 2mm 미만인 경우
• 콘택트렌즈 착용금지: 소프트 렌즈(1개월 이내), 하드 렌즈(3개월 이내, 드림렌즈 포함)
→ 렌즈착용으로 각막의 변형이 관찰되는 경우 굴절률 측정이 불가하여 불합격 처리됨.
※ 굴절교정술 부적합 기준
• 교정시력 1.0 미만
• 굴절(조절마비 굴절검사): 어느 경선에서나 +0.50D 또는 -5.50D 초과
• 난시: 3.00D 초과 / 부동시: 2.50D 초과
※ 공군 항공우주의료원을 제외한 외부기관의 검사결과는 인정되지 않음</td></tr>
<tr><td>정형
외과</td><td>사지</td><td>• 경도이상의 관절염, 류마티스 관절염, 골수염
• 주요 관절의 습관성 탈구 또는 아탈구
예) 어깨: 전방탈구 과거력+이학적 검사상 불안정성+MRI 병변 또는 수술한 병력
• 골절 후유증(불유합, 부정유합, 가관절형성 등)
• 체내 고정물 또는 인공관절 삽입술을 시행한 경우
• 관절 내에 증상이 있는 유리체가 존재하는 경우
• 골관절 질환으로 인한 변형, 통증, 불안정성, 또는 운동범위 감소 등
• 2.0cm 이상의 하지부동
• 발: 만곡족, 강직성 편평족, 요족 변형, 무지외반 등
• 무릎: 십자인대 파열에 동반한 불안정증, 반월상 연골판 부분절제술
• 박리성 골연골염(슬관절, 족관절)
• 오스굿씨 병</td></tr>
</table>

표 이어서 ▶

구분		주요불합격 사유
정형외과	척추	• 공중근무에 지장을 초래하는 척추/천장관절의 질환 또는 손상 • 요추 20도 이상, 흉추 25도 이상의 척추 측만증 • 척추 분리증, 척추 전위증 • 확실한 추간판 탈출증의 병력 또는 수술 과거력 • 척추 골절 * 횡돌기의 골절 병력이 있으나 무증상일 경우는 제외 • 한 개 이상의 척추갈림증(spina bifida)이 동일 부위 피부 함몰을 동반하거나 수술적으로 교정한 기왕력이 있는 경우 • 척추관절염, 척추강 협착증
순환기		• 심전도 이상: 부정맥, 전도장애 등 • 고혈압 • 저혈압 * 동반된 증상이나 원인질환이 없는 경우 불합격 조건에서 제외 가능 • 선천성 심장질환, 심장 시술 혹은 수술의 과거력 • 심장판막질환, 심부전, 심근병증, 심낭질환 등 • Raynaud씨 병, Buerger씨 병, 혈관 내 이식물 등
호흡기		• 자연 기흉의 병력 • 폐소수포 혹은 폐대수포 • 기관지 천식: 현재 증상 또는 과거 병력이 있고, 천식유발검사 또는 기관지 확장제 흡입 전후 폐기능 검사에서 양성소견 • 폐결핵 또는 결핵성 늑막염 • 결핵이 재발한 병력 * 항결핵제로 충분한 기간을 치료한 후 치료완료 시점으로부터 6개월 이상 추적관찰하여 비활동성임이 확인된 경우 불합격 조건에서 제외 가능 • 폐소엽 절제술 이상을 시행한 경우 • 기관, 기관지, 폐, 늑막 또는 종격동의 양성 및 악성 종양
소화기		• 위 또는 십이지장 궤양 및 재발의 병력 • 위장관 출혈의 병력 • 위/십이지장 수술병력 • 염증성 장질환 • 장 절제의 병력 • 간염항원 보유자 • 담석증, 담낭용종 • 간기능검사 이상소견 * 약물 복용에 의한 경우 신검 당일 기준 최소 1주 이상 약물 중단 후 재검사/판정 • 췌장염 및 이전의 병력 • 비장 부분절제술

표 이어서 ▸

구분	주요불합격 사유
내분비	• 당뇨병 • 통풍 및 병력 • 갑상선 기능 항진증 및 병력 • 고지혈증(가족성 혹은 약물치료 필요시) • 갑상선 기능 저하증 • 부신 기능 이상 • 뇌하수체 기능 이상
혈액	• 빈혈 및 적혈구 증다증 • 혈소판 결핍증 또는 혈소판 증다증, 출혈성 질환 • 백혈구 감소증 • 백혈병, 골수증식성 질환, 림프종
신장	• 일측 신장의 결손 또는 저형성, 기능장애 • 마제철신(horseshoe kidney) • 수신증 또는 농신증 • 지속 또는 재발하는 혈뇨 • 신염, 신우염, 신우신염 * 정밀검사 결과 '단순 특발성 혈뇨'인 경우 불합격 제외 가능 • 단백뇨(200mg/24hrs 초과)
전신질환	• 탈감작 치료를 요할 정도의 알러지 질환 • 아나필락시스 병력 • 류마티스 질환 및 이에 준하는 질환(강직성 척추염 등)
비뇨기과/ 부인과	• 최근(크기에 따라 12~24개월 이내) 요로결석 및 제석술 병력 • 정계정맥류 • 정류고환, 양측 고환이 없는 경우 • 반음양(hermaphroditism) • 자궁내막증의 병력 • 증상을 동반하는 자궁근종, 난소 낭종 • 증상을 동반하는 모든 생식기관의 선천적 이상 • 다낭성 난소 증후군(PCOS)
이비인후과	• 외이도의 폐쇄, 심한 협착, 또는 종양 * 고막의 적절한 시진을 방해하는 경우 포함 • 급·만성 중이염(화농성, 진주종성, 장액성 등) • 유착성 중이염 * 하나 이상의 주파수에서 30dB 이상의 청력손실 동반 시 불합격 • 재발성 항공성 중이염 • 메니에르 병 • 중이내 외과적 수술의 기왕력 • 이관기능 장애 • 고막 천공 • 현훈 발작의 병력 • 전정기능 이상 • 청력 이상(난청)

표 이어서 ▶

구분	주요불합격 사유
신경과/ 정신과	• 경련성 발작, 경련성 질환의 병력, 원인불명의 의식소실 • 재발성 두통(혈관성, 편두통성, 군집성)의 병력 • 뇌수두증 • 두개 내 종양(뇌실질, 뇌막) • 신경계 발달 이상: 척추분열증, 수막류, 지주막 낭종, 척수공동증, 아놀드-키아리 기형, 댄디-워커 기형 등 • 탈수초성 질환(다발성 경화증 등) • 척수염 • 미주신경성 실신 • 두부외상 • 개두술 및 두개골결손의 병력 • 중추신경계의 신생물 병력 • 중추신경 및 말초신경 질환 • 조현병 및 기타 정신병적 장애 또는 이전의 병력 • 기분장애(우울, 양극성 장애 등) 또는 이전의 병력 • 주의력 결핍 과잉행동 장애(ADHD) * 신검당일 기준 최근 12개월 간 치료를 받지 않았고, 학업평가에 통과한 경우 불합격 제외 가능 • 자살시도나 자살행동의 과거력
피부과	• 활동성 아토피 피부염 • 건선 및 이전의 병력 • 손, 발의 만성 또는 심한 다한증 • 만성 또는 재발성의 두드러기 및 맥관부종 * 단순 피부묘기증 제외 • 편평태선(Lichen Planus) • 광과민성 피부질환 • 치료에 반응하지 않는 만성 습진 • 응괴성여드름 • 군장 착용(헬멧, 마스크, 낙하산 장구 등)에 지장을 주는 모든 종류의 만성피부질환(습진, 진균감염, 켈로이드 등)
치 과	• 결손치가 있는 경우 * 구조적/기능적으로 완전히 치료된 경우 불합격 제외 가능 • 저작장애를 초래하는 심한 부정교합 • 고정식 교정 장치를 장착한 경우
종양 및 악성 질환	• 악성의 경향을 보이거나 진행성인 양성종양 및 기능장애를 초래하는 양성종양 * 양성 종양 진행여부 확인 위해 최소 6개월간의 관찰기간 필요 • 악성 종양

■ 육군사관학교

- 신체등위(신장/체중)와 장교 선발 및 입영기준 신체검사로 구분.
- 신체등위(신장/체중) 3급인 경우 2차 시험 최종심의위원회에서 합 · 불이 결정된다. 신체등위 4급 이하인 경우 불합격.

신체등위 기준(BMI, Body Mass Index, 체질량지수 기준)

[남자]

단위: BMI(kg/m^2)

신장(cm) \ 등급	1급	2급	3급	4급
161미만			17이상~33미만	17미만~33이상
161이상	20이상~25미만	18.5이상~20미만 25이상~30미만	17이상~18.5미만 30이상~33미만	17미만~33이상

[여자]

단위: BMI(kg/m^2)

신장(cm) \ 등급	1급	2급	3급	4급
155미만			17이상~33미만	17미만 33이상
155이상	20이상~25미만	18.5이상~20미만 25이상~30미만	17이상~18.5미만 30이상~33미만	17미만 33이상

* 신장(cm)과 체중(kg) 측정값은 소수점 첫째 자리까지 포함, 산출된 BMI 지수는 소수점 첫째 자리까지 포함하고 둘째 자리 이하는 버림
* BMI 산출 예: 남자 신장 175.5cm, 체중 70.2kg일 때, BMI = 70.2kg / $(1.755m)^2$ = 22.7920 = 22.7
* **신장 기준 미달 시 재판정 절차 및 기준**
  - 기준 미달 또는 초과 시 10분 이내 재측정 2회 실시
  - 최초 측정 포함, 총 3회 측정값의 평균 산출

<표Ⅱ-19> 육군사관학교 신체검사 주요 불합격 기준

구분	결함 내용	
내과	• 저혈압(수축기 혈압이 81mmHg 미만 또는 이완기 혈압이 51mmHg 미만일 때) • 고혈압(항고혈압제 치료에도 불구하고 평균 이완기 혈압이 120mmHg이상 일 때 등) ※ 24시간 혈압측정 검사 결과가 있을 시 낮 동안 측정한 혈압의 12회 이상의 평균치로 판정 • 만성심부전(원인에 관계없이 불합격) • 당뇨병	
피부과	• 아토피성 피부질환 또는 이에 준한 재발성 피부염(체표면의 20% 이상인 경우) • 건선(중증도 이상) • 취한증(1m 앞에서 불쾌한 냄새가 나는 경우, 난치성인 경우) • 수장족저 다한증(주먹을 쥐었을 때 2분 이내에 땀이 떨어지는 경우) • 문신 또는 자해로 인한 반흔이 신체 한 부위의 지름이 7cm를 초과한 경우 또는 합계면적이 30cm^2 이상인 경우 또는 고도(상지, 하지, 체간 및 배부 전체에 걸쳐져 있는 상태)인 경우 또는 경도의 문신이더라도 혐오감 및 위화감을 조성하는 내용이거나(성적 표현, 욕설, 테러단체 옹호 문구 등), 얼굴, 목 등 군 간부 품위를 손상하는 신체부위일 경우	
비뇨기과	• 만성 신우신염, 신결손, 비뇨생식기계 결핵	
외과	• 소장, 대장 수술을 받은 경우 ※ 이 외 위장관계 수술을 받은 경우는 수술범위와 합병증에 따라 판정 • 화상(2도 또는 3도 화상으로 전체 피부면적의 10% 이상인 경우)	
정형외과	• 슬관절 및 족관절의 기능장애가 있는 경우 • 편평족(변형이 있거나 동통이 있는 경우 등) • 척추측만증(코브스씨 측정법으로 골변형 동반이 확인된 경우로 20도 이상) • 척추 전방 전위증	
신경외과	• 수핵탈출증, 뇌수술 경력	
흉부외과	• 흉곽기형(외관상 불균형이 뚜렷한 경우, 수술을 받은 경우, 심폐기능 장애시) • 기흉(재발 후 수술 미실시자, 재발 후 수술자는 수술 후 상태에 따라 등급 부여)	
안과	• 근시: 굴절도 -9.0D 이상 • 원시: 굴절도 +4.0D 이상 • 난시: 수평수직 굴절률 차이 4.0D 이상 • 부동시: 양안의 곡광도 차이가 4.0D 초과 • 시력장애: 시력이 좋지 않은 눈 시력이 0.6 미만(최대 교정시력으로 판정) • 수평사위: 20프리즘 이상 • 수평사시: 10프리즘 이상 • 수직사시: 6프리즘 이상(수직사위는 사시에 준함) • 인공수정체안	
이비인후과	• 선천성 외이 기형 • 비중격 천공, 위축성 비염	• 부비동염(비용을 동반한 경우)

표 이어서 ▶

구분	결함 내용
산부인과	• 자궁 및 자궁 부속기의 종양(악성) • 자궁내막증(경증 또는 치료 후 증상의 호전이 뚜렷한 경우 제외)
치과	• 부정교합(중등도, 고도) • 전치부결손(치조골 결손이 포함된 경우) • 치아의 저작기능 평가: 각 치아의 기능별 치아의 점수는 상악 4전치 각 1점, 하악 4전치 각 1점, 견치 각 5점, 소구치 각 3점, 대구치(지치제외)는 각 6점으로 하여 전 치아의 기능점수 총계 100점을 만점으로 하여 평가 • 습관성 탈구
정신건강의학과	• 주요 우울장애

■ 해군사관학교

<표Ⅱ-20> 해군 사관학교 신장·체중에 따른 신체등급의 판정 기준

신장(cm) \ 등급		1급	2급	3급	4급 (불합격)
남자	여자				
159미만	152미만				체중과 관계없이 4급
159이상 161미만	152이상 155미만			17이상~33 미만	17미만 33이상
161이상 196미만	155이상 18미만	20이상~25미만	18.5 이상~20 미만 25 이상~30 미만	17이상~18.5미만 30이상~33미만	17미만 33이상
196이상	184이상				체중과 관계없이 4급

* 신장의 측정단위는 센티미터로 하되 소수점 이하는 첫째 자리까지 포함
* 체중의 단위는 킬로그램으로 하되, 소수점 이하는 첫째 자리까지 포함
* BMI를 계산하고 산출된 BMI 지수 중 소수점 둘째 자리 이하는 버림

<표Ⅱ-21> 해군사관학교 신체검사 주요 불합격 기준

구분	주요 불합격 기준
외과	• 2도 이상, 체표면적 10% 이상의 화상 • 복부 수술(서혜부 탈장수술, 담낭절제술, 충수돌기 절제술은 제외)
정형외과	• 편평족(평발) • 척추측만증: 코브스씨 측정법으로 20도 이상인 경우 • 치료중인 골절, 힘줄, 신경 손상이 있거나 이로 인한 기능장애, 변형 등의 후유증이 있는 경우 • 무릎이나 발목, 어깨 관절의 불안정성 소견이 보이는 경우
흉부외과	• 흉곽기형: 외관상 뚜렷한 불균형 및 운동부전으로 수술을 받은 경우, 심폐기능 장애가 있는 경우 • 대혈관 질환 • 심장 및 심낭질환 • 폐 절제술(폐구역 절제술 이상)
치과	• 전치부 결손: 치조골 결손이 포함된 경우 • 습관성 탈구: 악관절 기능이상이 있는 경우
이비인후과	• 중이염: 급성 중이염을 제외한 일측·양측인 경우 • 부비동염: 급성을 제외한 만성 및 범발성인 경우 • 비중격 천공, 위축성 비염(알러지성 비염 및 혈관 운동성 비염 제외)
내과	• 전문적 치료에도 반응이 불량한 빈혈 • 고혈압: 수축기 혈압 160mmHg 이상
피부과	• 신체의 한 군데에 지름이 7cm를 초과하는 문신이나 반흔 등이 있는 경우. 또는 문신이나 반흔 등이 6군데 이상에 있고, 합계 면적이 30cm^2 이상인 경우
비뇨의학과·산부인과	• 만성 신우신염, 신결손 • 악성 종양 및 낭종
안과	• 시력: 나쁜 눈 시력이 0.6 미만(교정시력) • 근시: 굴절력 -10.0D 이상 • 원시: 굴절력 +4.0 이상 • 난시: 수평수직 굴절률 차이 4.0D 이상 • 부동시: 양안의 곡광도 차이가 4.0D 초과 • 수평사위: 20프리즘 이상 • 수평사시: 10프리즘 이상 • 수직사시: 6프리즘 이상 • 인공 수정체안 • 색맹 • 색약은 합격 가능하나, 임관 병과 분류 시 함정 및 항공 병과로 분류 불가 * 위의 굴절력은 안경을 벗고 자동 굴절 검사기로 측정하는 것이며, 사전에 안과 병원에서 자신의 시력 및 굴절력을 확인해 보는 것을 권장함. * 근시, 원시, 부동시의 굴절력은 구면렌즈 대응치로 판정함.

* 위의 주요 불합격 기준은 〈해군 건강관리 규정〉의 일부를 요약한 것임.

* 세부 신체검사 기준은 〈해군 건강관리 규정〉에서 확인(해군사관학교 홈페이지에 게시)

② 체력검사

육군사관학교는 2024학년도부터 제자리멀리뛰기, 10m왕복달리기, 20m왕복오래달리기, 교차윗몸일으키기, 상대악력의 5개 종목으로 체력검정 종목을 변경하여 실시한다. 육사를 제외한 나머지 3개 사관학교 체력검정은 오래달리기 윗몸일으키기 팔굽혀펴기로 나뉜다. 3개 사관학교 모두 오래달리기(남자 1.5km, 여자 1.2km)에서 불합격 기준이 있다. 국간사 남자 7분 39초 이상/ 여자 7분 30초 이상일 경우, 공사는 남자 7분 32초 이상/여자 7분 30초 이상일 경우, 육사는 남자 40회 이하/여자 18회 이하일 경우, 해사는 남자 8분 19초/여자 8분 20초 이상일 경우 불합격 처리된다.

■ 공군사관학교

공군사관학교는 체력검정에서 오래달리기(남자 1,500m, 여자 1,200m) 65점, 윗몸일으키기 45점, 팔굽혀펴기 40점의 배점이 주어진다.

다음과 같은 불합격 기준이 적용되며, 합격자의 취득점수를 최종선발 점수에 반영한다.

- 오래달리기 불합격 기준 해당자(남자 7분 32초 이상, 여자 7분 30초 이상).
- 3개 종목 중 15등급이 2개 종목 이상인 자.
- 총점 150점 만점에 취득점수 80점 미만인 자.

<표Ⅱ-22> 공군사관학교 체력검정 종목별 배점기준(총점 150점)

등급 종목		1	2	3	4	5	6	7	8	9	10	11	12	13	14	15	불합격
1,500m (남)		5'30" 이내	5'31" ~ 5'39"	5'40" ~ 5'48"	5'49" ~ 5'56"	5'57" ~ 6'04"	6'05" ~ 6'12"	6'13" ~ 6'20"	6'21" ~ 6'28"	6'29" ~ 6'36"	6'37" ~ 6'44"	6'45" ~ 6'52"	6'53" ~ 7'00"	7'01" ~ 7'08"	7'09" ~ 7'16"	7'17" ~ 7'31"	7'32" 이상
1,200m (여)		5'40" 이내	5'41" ~ 5'48"	5'49" ~ 5'56"	5'57" ~ 6'04"	6'05" ~ 6'12"	6'13" ~ 6'20"	6'21" ~ 6'28"	6'29" ~ 6'35"	6'36" ~ 6'42"	6'43" ~ 6'49"	6'50" ~ 6'56"	6'57" ~ 7'03"	7'04" ~ 7'10"	7'11" ~ 7'17"	7'18" ~ 7'29"	7'30" 이상
배 점		65.0	62.5	60.0	57.5	55.0	53.0	51.0	49.0	47.0	45.0	42.5	40.0	37.5	35.0	32.5	
윗몸일으키기 (2분)	남	80회 이상	79~76	75~72	71~68	67~64	63~60	59~57	56~54	53~51	50~48	47~45	44~42	41~39	38~36	35 이하	-
	여	70회 이상	69~66	65~62	61~58	57~54	53~50	49~46	45~42	41~38	37~34	33~30	29~27	26~24	23~21	20 이하	-
배 점		45.0	43.0	41.5	40.0	38.5	37.0	35.5	34.0	32.5	31.0	29.5	28.0	26.5	24.5	22.5	
팔굽혀펴기 (2분)	남	70회 이상	69~66	65~62	61~58	57~54	53~50	49~46	45~42	41~38	37~34	33~30	29~27	26~24	23~21	20 이하	-
	여	35회 이상	34~32	31~29	28~26	25~24	23~22	21~20	19~18	17~16	15~14	13~12	11~10	9~8	7~6	5 이하	-
배 점		40.0	38.5	37.0	35.5	34.0	32.5	31.0	29.5	28.0	26.5	25.0	23.5	22.0	20.5	19.0	

○ 실시방법

공군사관학교 홈페이지(입학안내) 동영상 참고

구분	내용
오래달리기 (남자 1,500m / 여자 1,200m)	• 출발신호와 함께 출발 • 결승선 통과 후 번호표 수령 * 안전사고 예방을 위해 결승선 통과 후 바로 정지하지 않고 트랙을 걷는다.
윗몸일으키기 (제한시간: 2분)	• 싯업(Sit-up) 보드 사용 • 무릎을 구부린 상태에서 양손을 어깨에 교차하여 올리고 윗몸을 일으키는 방식 • 윗몸을 일으켜 양팔꿈치가 허벅지에 동시에 닿은 후, 내려갔을 때 양어깨가 완전히 싯업보드 바닥에 닿아야 1회로 인정
팔굽혀펴기 (제한시간: 2분)	30cm 보조대 사용 양발을 모아 발판에 고정 후, 머리부터 발뒤꿈치까지 일직선 유지 내려갈 때 상완(어깨부터 팔꿈치)이 지면과 수평, 올라왔을 때는 완전히 팔을 편 상태가 되어야 1회로 인정

○ 유의사항

- 각 종목별 1회 실시 기회 부여.
- 당일 검정완료 원칙(단, 사전 진단서 제출 시 담당 군의관 판단 후 일정 조정 가능).

■ 국군간호사관학교

○ 평가 종목

- 오래달리기(남1,500m/여1,200m), 윗몸일으키기(2분), 팔굽혀펴기(2분)
  ※ 각 종목별 1회 측정으로 종료.

○ 판정 기준: 체력검정 결과 합격·불합격 판정 및 전형 총점 내 점수 반영.

○ 불합격 기준: 오래달리기만 불합격 적용.

- 오래달리기(남1,500m/여1,200m) 남자 7분 39초 이상, 여자 7분 30초 이상.

○ 윗몸일으키기, 팔굽혀펴기 중 1종목 이상 15등급 미만 획득 시 2차 시험 종합심의위원회에서 합격 여부 결정.

○ 종목별 실시요령 및 주의사항

[윗몸일으키기]

- 무릎을 굽힌 상태에서 누워서 양손을 교차하여 어깨를 잡고 윗몸을 일으킴.
- 윗몸을 일으켜 양 팔꿈치가 허벅지에 동시에 닿은 후 다시 양어깨가 완전히 바닥에 닿아야 1회로 인정하며, 2분 내 실시한 횟수만 인정함.
  ※ **주의사항**: 속도는 자유로이 실시하며, 양손이 어깨에서 떨어지거나 양 팔꿈치가 허벅지에 닿지 않으면 시행 횟수로 인정하지 않음. 허리를 이용한 반동 사용 시 횟수로 인정하지 않음.

[팔굽혀펴기]

- 30cm 높이 측정 보조대를 사용하여 실시.
- 〈준비〉 구령에 따라 측정 보조대에서 양손을 어깨너비로 벌려 손끝이 앞으로 향하게 하며 양발을 모아 붙인 자세에서 팔이 지면에 대하여 직각이 되도록 엎드림.
- 〈시작〉 구령에 따라 머리, 어깨, 허리, 엉덩이, 다리 등을 일직선이 되도록 유지하고 2분 내 정확하게 실시한 횟수만 인정함.
  ※ **주의사항**: 실시 도중 양손을 보조기구로부터 이탈할 수 없음(단, 휴식 시 한 손 또는 무릎이 바닥에 닿으면 검정 종료). 팔을 굽혔다 편 간격이 팔 길이의 3/4 이상이 되지 않을 경우 횟수로 인정하지 않음.

[오래달리기]

- 남/여 구분하여 실시함.
- 출발 검정관이 깃발을 내림과 동시에 출발하고 계측관은 시간을 측정함.
- 결승점에 도착하면 등위표를 받아야 함.
  ※ **주의사항**: 사전 준비운동을 실시하며, 정해진 코스 이탈 시 불합격 처리함. 고혈압 및 각종 심장질환자는 측정 전 점검관에게 꼭 알려야 하며, 군의관의 문진 및 허락 없이 검정을 금지함.

<표Ⅱ-23> 국간사 체력검정 급수기준 및 배점표

구분		1등급	2등급	3등급	4등급	5등급	6등급	7등급	8등급
오래달리기 1.5Km (남) 1.2Km (여)	남자	5'41" 이내	5'42" ~5'49"	5'50" ~5'57"	5'58" ~6'05"	6'06" ~6'13"	6'14" ~6'21"	6'22" ~6'29"	6'30" ~6'37"
	여자	5'34" 이내	5'35" ~5'42"	5'43" ~5'50"	5'51" ~5'58"	5'59" ~6'06"	6'07" ~6'14"	6'15" ~6'22"	6'23" ~6'30"
	배점	20.0	19.4	18.8	18.2	17.6	17.0	16.4	15.8
윗몸일으키기	남자	80회 이상	79~76	75~72	71~68	67~64	63~60	59~56	55~52
	여자	64회 이상	63~60	59~56	55~52	51~48	47~44	43~40	39~36
	배점	15.0	14.5	14.0	13.5	13.0	12.5	12.0	11.5
팔굽혀펴기	남자	64회 이상	63~61	60~58	57~54	53~50	49~46	45~42	41~38
	여자	30회 이상	29~28	27~26	25~24	23~22	21~20	19~18	17~16
	배점	15.0	14.5	14.0	13.5	13.0	12.5	12.0	11.5

구분		9등급	10등급	11등급	12등급	13등급	14등급	15등급	15등급 미만
오래달리기 1.5Km (남) 1.2Km (여)	남자	6'38" ~6'45"	6'46" ~6'53"	6'54" ~7'01"	7'02" ~7'10"	7'11" ~7'19"	7'20" ~7'28"	7'29" ~7'38"	7'39" 이후
	여자	6'31" ~6'38"	6'39" ~6'46"	6'47" ~6'54"	6'55" ~7'02"	7'03" ~7'11"	7'12" ~7'20"	7'21" ~7'29"	7'30" 이후
	배점	15.2	14.6	14.0	13.4	12.8	12.2	11.6	불합격
윗몸일으키기	남자	51~48	47~44	43~39	38~34	33~29	28~24	23~18	17이하
	여자	35~32	31~28	27~24	23~20	19~16	15~12	11~08	7이하
	배점	11.0	10.5	10.0	9.5	9.0	8.5	8.0	심의 대상
팔굽혀펴기	남자	37~34	33~30	29~26	25~22	21~18	17~14	13~10	9이하
	여자	15~14	13~12	11~10	09~08	07~06	05~04	03~02	1이하
	배점	11.0	10.5	10.0	9.5	9.0	8.5	8.0	심의 대상

■ 육군사관학교

○ **평가 종목**: 상대악력, 교차윗몸일으키기, 20m왕복오래달리기, 10m왕복달리기, 제자리멀리뛰기

- 20m왕복오래달리기에만 불합격 기준 적용: 남자 40회 이하, 여자 18회 이하는 불합격.

○ **우선선발지원자의 체력검정 과락 기준**: 20m왕복오래달리기에서 남자 60회, 여자 36회 이하면 우선선발 제외.

○ **체력우수자 가산점 부여**: 우선선발, 종합선발, 특별전형 시 적용.

- 체력검정 전 종목 만점자에게 총점에서 가산점 1점 부여.

○ 측정간 개인의 부주의로 인해 발생한 상황에 대해서는 재측정을 실시하지 않음.

<표Ⅱ-24> 육군사관학교 체력검정 배점표

점수	상대악력 (%)		교차윗몸일으키기 (회/1분)		20m왕복 오래달리기(회)		10m왕복달리기 (초)		제자리멀리뛰기 (cm)	
	남	여	남	여	남	여	남	여	남	여
10	74.1	57.1	68	55	83	57	9.9	11.1	261	201
9.75	72.9	56.0	67	53	81	55	9.2	11.3	258	197
9.50	71.6	54.9	65	51	78	53	9.3	11.4	254	194
9.25	70.4	53.9	64	50	76	51	9.5	11.6	251	190
9.00	69.1	52.8	62	48	74	49	9.6	11.7	247	186
8.75	67.9	51.8	61	46	72	46	9.7	11.9	244	183
8.50	66.7	50.7	59	44	69	44	9.8	12.0	240	179
8.25	65.4	49.6	58	43	67	42	9.9	12.2	237	175
8.00	64.2	48.6	56	41	65	40	10.0	12.3	233	172
7.75	63.0	47.5	55	39	62	38	10.2	12.5	230	168
7.50	61.7	46.4	54	37	60	36	10.3	12.6	226	164
7.25	60.5	45.4	52	35	58	34	10.4	12.8	223	161
7.00	59.2	44.3	51	34	55	32	10.5	12.9	219	157
6.75	58.0	43.3	49	32	53	30	10.6	13.1	216	153
6.50	56.8	42.2	48	30	51	2	10.7	13.2	212	150
6.25	55.5	41.1	46	28	49	25	10.9	13.4	209	146
6.00	54.3	40.1	45	27	46	23	11.0	13.5	205	142
5.75	53.0	39.0	43	25	44	21	11.1	13.7	202	139
5.50	51.8	38.0	42	23	41	19	11.2	13.8	198	135
5.25	51.7 이하	37.9 이하	41 이하	22 이하	40 이하	18 이하	11.3 이상	13.9 이상	197 이하	134 이하

체력검정 불합격 기준 / 우선선발에서 제외 (과락)

■ 해군사관학교

○ 검정 종목: 윗몸일으키기, 팔굽혀펴기, 오래달리기 3개 종목

- 오래달리기: 남자 1,500m / 여자 1,200m

○ 종목별 배점 기준

<표Ⅱ-25> 해군사관학교 체력검정 배점표(팔굽혀펴기)

종목	등급 (점수)	1등급 (30점)	2등급 (29점)	3등급 (28점)	4등급 (27점)	5등급 (26점)	6등급 (25점)	7등급 (24점)	8등급 (23점)
윗몸일으키기	남자	76회 이상	75~72	71~68	67~64	63~60	59~56	55~52	51~48
	여자	67회 이상	66~63	62~59	58~55	54~51	50~47	46~43	42~39
팔굽혀펴기	남자	58회 이상	57~55	54~52	51~49	48~46	45~43	42~40	39~37
	여자	33회 이상	32~31	30~29	28~27	26~25	24~23	22~21	20~19
종목	등급 (점수)	9등급 (22점)	10등급 (21점)	11등급 (20점)	12등급 (19점)	13등급 (18점)	14등급 (17점)	15등급 (16점)	16등급 (15점)
윗몸일으키기	남자	47~44	43~40	39~36	35~32	31~28	27~25	24~22	21~19
	여자	38~35	34~31	30~27	26~23	22~19	18~16	15~13	12~10
팔굽혀펴기	남자	36~34	33~31	30~28	27~25	24~22	21~19	18~16	15~13
	여자	18~17	16~15	14~13	12~11	10~9	8~7	6~5	4~3

* 팔굽혀펴기 16등급 미달(남자 12회 이하, 여자 2회 이하) 시 0점 부여
* 윗몸일으키기, 팔굽혀펴기 (검정시간: 2분)

<표Ⅱ-26> 해군사관학교 체력검정 배점표(오래달리기)

등급(점수)	1등급(40점)	2등급(39점)	3등급(38점)	4등급(37점)	5등급(36점)	6등급(35점)	7등급(34점)	8등급(33점)	9등급(32점)	10등급(31점)	11등급(30점)
남자	5′38″ 이내	5′39″ ~ 5′46″	5′47″ ~ 5′54″	5′55″ ~ 6′02″	6′03″ ~ 6′10″	6′11″ ~ 6′18″	6′19″ ~ 6′26″	6′27″ ~ 6′34″	6′35″ ~ 6′42″	6′43″ ~ 6′50″	6′51″ ~ 6′58″
여자	5′19″ 이내	5′20″ ~ 5′28″	5′29″ ~ 5′37″	5′38″ ~ 5′46″	5′47″ ~ 5′55″	5′56″ ~ 6′04″	6′05″ ~ 6′13″	6′14″ ~ 6′22″	6′23″ ~ 6′31″	6′32″ ~ 6′40″	6′41″ ~ 6′49″
등급(점수)	12등급(29점)	13등급(28점)	14등급(27점)	15등급(26점)	16등급(25점)	17등급(24점)	18등급(23점)	19등급(22점)	20등급(21점)	21등급(20점)	불합격
남자	6′59″ ~ 7′06″	7′07″ ~ 7′14″	7′15″ ~ 7′22″	7′23″ ~ 7′30″	7′31″ ~ 7′38″	7′39″ ~ 7′46″	7′47″ ~ 7′54″	7′55″ ~ 8′02″	8′03″ ~ 8′10″	8′11″ ~ 8′18″	8′19″ 이상
여자	6′50″ ~ 6′58″	6′59″ ~ 7′07″	7′08″ ~ 7′16″	7′17″ ~ 7′25″	7′26″ ~ 7′34″	7′35″ ~ 7′43″	7′44″ ~ 7′52″	7′53″ ~ 8′01″	8′02″ ~ 8′10″	8′11″ ~ 8′19″	8′20″ 이상

* 등급 부여 시 1초 미만 단위는 버림(예: 남자 5'38''59는 1등급 부여)
* 오래달리기(남자: 1,500m / 여자: 1,200m)

③ 면접

단체생활을 해야 하는 군 집단의 특성상 인성적인 면이 강조될 수밖에 없다. 그렇기에 면접은 사관학교나 경찰대 입시에서 차지하는 비중이 매우 높다고 볼 수 있다.

특히, 사관학교는 4개교가 다소 다른 방법을 취하고 있지만, 국가안보관을 지닌 학생을 선발하고자 한다는 공통점이 있다.

면접은 지원동기서, 학생부, AI면접 결과지, 인성검사 결과지 등은 면접자료로 활용될 수 있다. 특히, 2021학년도부터 도입한 AI면접의 경우 모든 사관학교가 참고자료로 활용하고 있다.

주의사항은 사관학교의 경우 공정한 선발을 위해 블라인드 면접을 시행하므로 면접 시 본인의 성명, 출신 고교, 부모 직업 및 주소 등을 언급하지 않아야 하며, 교복 착용을 제한한다.

■ 국군간호사관학교

2024학년도 국간사 1차 합격자는 8월 25일에서 29일 사이에 AI면접에 응시해야 하며, 면접은 9월 11일부터 9월 27일 사이에 2박 3일간 이뤄진다.

모든 면접은 블라인드 면접으로 진행하며 지원동기서, AI면접결과지, 학생부, 인성검사 결과지 등을 참고해 진행한다. 불합격 심의 대상 기준은 1개 분과에서 40% 미만의 점수를 득점했거나 면접 총 점수의 60% 미만을 득점한 경우 2차 시험 종합심의위원회에서 합격 여부를 결정한다. 인성검사 결과, 주의요망/부적응/판정불가 등급은 신체검사 시 정신건강의학과 전문의 면담을 의뢰한다.

2023학년도 국간사 면접 문항은 선행학습영향평가 대상에서 제외가 되어 문항의 공개는 되지 않고 있다. 다만 평가 요소에 대해 다음과 같이 안내되고 있다.

<표Ⅱ-27> 국군간호사관학교 면접 평가요소

구 분	평가 요소	비고
1분과 (내적 영역 Ⅰ)	지원동기, 진취성, 긍정성 * MMPI 결과제공	공통참고자료: 학교생활기록부, 지원동기서 선행학습 영향평가 미해당
2분과 (내적 영역 Ⅱ)	도덕성, 책임감, 역사(안보)관	
3분과 (대인 영역)	리더십, 사회성, 의사소통 능력 * AI면접 결과 제공	
외적 영역 (분과공통)	외모, 복장, 자세, 균형, 발성, 발음	

평가 구분은 내적 영역Ⅰ/Ⅱ, 대인관계 영역, 외적 영역으로 나눠 평가한다. 내적 영역Ⅰ의 경우 지원동기, 진취성 긍정성, 내적 영역Ⅱ에서는 도덕성, 책임감, 역사(안보)관을 확인한다. 대인 영역에선 리더십, 사회성, 의사소통능력이 주요 평가요소이다. 외적 영역은 외모, 복장, 자세, 균형, 발성, 발음 등을 평가한다. 한 영역이라도 40% 미만 득점하거나 총 점수의 60% 미만 득점하는 경우 불합격 처리한다.

전체적으로 문제에 대한 특정한 정답을 요구하기보다는 의사소통 능력, 수험생들이 오랜 기간에 걸쳐 형성한 성격과 가치관을 바탕으로 한 답변의 설득력, 일관성, 진정성, 자신감, 배려심, 판단력 등을 평가한다.

역사(안보)관의 경우 일반상식 수준의 역사 및 안보와 관련된 지문을 제시하고 개인의 견해를 묻는 범위 내 출제하여 기본적인 역사적 사고에 대한 이해를 파악하고자 한다.

■ 공군사관학교

2024학년도 공사 2차 시험은 신체검사 역사/안보관 논술 체력검정 면접으로 나눠 진행한다. 1차 합격자에 한해 8월 29일부터 10월 14일 사이에 1박 2일 일정으로 실시한다. 면접은 2차 시험에서 배점이 가장 높은 요소다. 품성, 가치관, 책임감, 국가/안보관, 학교생활, 자소서, 가정/성장환경, 지원동기, 용모/태도 등 9개 평가항목 및 심리/인성검사를 실시한다.

공사의 면접은 1분과 4개 항목(품성, 가치관, 책임감, 국가/안보관), 2분과 5개 항목(지원동기, 학교생활, 자기소개서, 가정/성장환경, 용모/태도)으로 총 9개 항목을 평가한다. 면접 330점은 심층면접 300점과 종합판정 30점으로 세분화한다.

<표 II-28> 2022 공군사관학교 면접(예시)

- 동기 중에 사관학교 교칙을 위반한 자를 목격했다면 어떻게 대처할 것인가?
- 한미 동맹에 대해 어떻게 생각하는가?
- 미국은 통일을 지지할 것 같은가?
- 남북통일이 돼도 한미 동맹은 필요한가?
- 부모님을 제외하고 지원자의 인생에서 가장 큰 영향을 준 사람은?
- 전시작전통제권 환수에 대해 어떻게 생각하는가?

■ 육군사관학교

2024학년도 육사는 1차 합격자를 대상으로 9월4일부터 10월31일 사이에 1박2일 일정으로 육사에서 실시된다. 면접분야는 제시문기반면접, 구술면접, 학교생활, 자기소개, 외적자세, 심리검사, 종합판정 등 MMI면접으로 실시되어 인성과 가치관, 태도, 리더십 등을 평가한다.

AI역량검사 결과는 일부 면접분야에서 참고자료로 활용될 수 있다.

전체 전형 비중에서 면접이 차지하는 비중은 우선선발의 경우 학교장추천/적성우수 각각 1,000점 만점 중 640점/500점으로 절대적으로 높은 비중을 차지하며, 종합선발에서도 200점으로 비교적 높은 비중을 차지하고 있다.

<표Ⅱ-29> 2023 육군사관학교 면접(예시)

구분	주요 면접 내용(예시)
제1시험장 (제시문 기반 면접)	⇒ 신문사설을 편집한 제시문 기반 (제시문 내용 : 우리나라의 K2 전차, K9 자주포 수출, 차세대 이지스 구축함인 정조대왕함의 진수를 비롯하여 한국형 첨단 무기 수출과 개발을 하고 있다. 북한은 우리에게 군사적 도발을 해오고 있는데, 이러한 무기 수출과 개발은 도발을 막아주는 방패가 될 것이다.) ⇒ 10분 정도 준비시간 • 저자의 의견을 정리해서 말해보라. • 우리나라에서 핵을 만들어 배치하는 것에 대한 생각은? • 러시아는 우리나라에 어떤 존재인가?
제2시험장 (생기부 기반면접)	• 리더로서 갈등을 해결한 경험은? • 3학년 때 독서량이 적은데 그 이유는? • 군인이 되기 위해 어떤 노력을 했는가?
제3시험장 (외적자세)	⇒ 큰 목소리로 제시 문장 읽기 • 간장공장공장장 등의 문장 발음하기 • 앞으로 나란히, 차렷, 경례 ⇒ 한 발 들기, 앉았다 일어서기 등
제4시험장 (심리검사방)	⇒ 전날 측정한 심리검사를 바탕으로 평가 • 본인 성격의 단점은?
제5시험장 (생도대장 방)	• 지원동기는? • 나를 뽑아야 하는 이유는? • 내신성적, 1차 시험 점수는? • 어떤 생도가 되고 싶은가?

■ 해군사관학교

2024학년도 해사는 1차 합격자를 대상으로 9월 5일에서 10월 14일 사이에 2박 3일간 실시한다. 개인별 정확한 일정은 추후 공지될 예정이다. 면접은 국가관/역사관/안보관, 군인기본자세, 주제발표/토론, 적응력 등에 대해 심층면접을 실시하는 방법이다. 다만 고교학교장추천 지원자는 잠재역량평가를, 어학우수자 지원자는 구술평가가 추가로 실시된다.

<표Ⅱ-30> 2022 해군사관학교 면접(예시)

- **첫 번째 방[군인 기본자세]**
  - 자신의 강점과 약점을 말해보라.
- **두 번째 방[적응력 및 대인관계 능력]**
  - 본인이 생각하는 대인관계에 있어서 장점과 단점이 있다면?
  - 학창 시절 리더로서 활동해본 경험과 활동하면서 힘들었던 점이 있다면?
- **세 번째 방[종합 판단]**
  - 해군사관학교에 최종 합격하게 된다면 어떻게 할 것인가?
  - 우리의 적은 누구라고 생각하는가?
  - 본인이 생각하는 우리 해군의 가장 자랑스러운 점과 부끄러운 점이 있다면?

■ 사관학교 면접 기출문제

① 선발이유 & 지원동기 & 군인(사관생도, 초급장교) 역량

- 지원자를 ㅇㅇ사관학교에서 지원자를 선발해야 하는 이유?
- ㅇㅇ사관학교에 관해 얼마나 많이 알고 있는지 말해보세요.
- 본인에게 ㅇㅇ사관학교란 무엇인가요?
- ㅇㅇ사관학교의 장단점을 말해보세요.
- 사관학교는 기숙사 생활을 해야 합니다. 단체생활에 잘 적응할 수 있습니까?
- 여학생인데 사관학교를 지원한 이유?
- 체력 점수가 낮은 이유가 무엇이고, 사관학교에 적응할 수 있을까요?
- 다른 대학교에 합격해도 사관학교에 진학하겠나요?
- 학생부에 사관학교 관련 활동이 보이지 않습니다. 사관학교에 진학의지가 있나요?
- ㅇㅇ사관학교에 입학하고자 특별히 기울인 노력이 있다면, 구체적으로 말해보세요.
- 어떤 군인이(초급 장교가) 되고 싶나요?
- 왜 다른 사관학교가 아니라 ㅇㅇ사관학교를 선택했나요?
- 군인(사관생도, 초급장교)에게 필요한(가장 중요한) 역량(덕목/소양/자질)을 말해보세요.

② 가치관 & 국가관 & 안보관

- 우리의 주적은 누구라고 생각하나요?
- 징병제와 모병제에 관해 본인의 생각은?
- 지원자가 생각하는 우리나라 역사에서 가장 자랑스러운 일과 가장 부끄러운 사건은?
- 남북통일에 관한 본인의 생각을 말해보세요. 통일이 돼야 한다면, 아니면 통일이 돼서는 안 된다면 그 이유는 무엇인가요?
- 북한 핵에(핵미사일에) 관해 자신의 생각은?
- 본인의 안보관을 말해보세요.
- 한반도 전술핵 배치에 대해 본인의 생각을 말해보세요.
- 러시아는 우리나라에 어떤 존재인가요?

③ 성격 & 리더십

- 본인의 단점은 무엇이고 그 단점을 극복한 사례는?
- 다른 지원자와 차별화되는 본인만의 강점(장점)은?
- 본인이 생각하는 좋은 리더십과 좋은 리더란?
- 본인이 생각하는 리더십의 핵심 역량(덕목/소양/자질) 3가지를 말해보세요.
- 학교생활 중 리더십을 발휘했던 사례를 구체적으로 말해보세요.
- 본인은 다른 사람을 주도적으로 이끌어가는 리더인가요? 아니면 뒤쳐지는 사람도 함께 밀고 가는 리더인가요?
- 학생회(학급) 임원으로 무슨 일이 가장 기억에 남나요?
- 조직의 단결을 위해 가장 중요한 덕목이 무엇이라 생각하나요?
- 임원 활동 중 가장 기억에 남는 활동은?
- 취미는 무엇인가요?
- 분노가 끓어오르면(화가 나면), 어떻게 통제하나요? 어떻게 해소하나요?
- 좋아하는(잘하는) 운동은?
- 자신의 성격에 대해 말해보세요.
- 힘들 때 어떻게 극복하나요?
- 무서워하는 것이 있나요?

④ 가족 관계 & 성장배경

- 자신의 성장 배경이 사관학교 진학에 영향을 미친 점은?
- 자신의 성장 배경에 관해서 말해보세요.
- 본인의 가족을 소개해보세요.
- 군인 가정으로서 힘들었던 부분은 없었나요? 아니면 좋은 점은 무엇이 있었나요?
- 군인으로서 아버지(어머니)를 어떻게 생각하나요?

⑤ 학교생활

- 본인의 동아리 활동 중 가장 기억에 남는 활동은?
- 사관학교와 관련 있는 동아리 활동을 했나요?
- 학교생활 중 가장 어려웠던 일과 그 극복방법은?
- 학교생활 중 가장 기억에 남는 일이나 활동은?
- 학교생활에서 겪었던 가장 큰 실패 사례와 그 극복방법은?
- 질병결석이나 질병조퇴가 너무 많습니다. 몸이 약해서 사관학교 생활을 할 수 있을까요?
- 수상 기록이 거의 없는데 그 이유는 무엇인가요?
- 가장 의미 있고 기억나는 수상경력은?
- 봉사활동 실적이 부족한 이유는?
- 가장 의미 있었던(가장 기억에 남는) 봉사활동은?
- 교과 내신 성적이 점점 떨어졌는데 그 이유는?
- 가장 좋아하는(싫어하는) 과목과 그 이유는?
- 사관학교 지원에 영향을 준 책은?
- 가장 감명 깊게 읽은 책(기억에 남는 책)은?

⑥ 학업계획 & 진로계획

- ㅇㅇ사관학교에 입학해서 가장 하고 싶은 일은?
- ㅇㅇ사관학교 진학 후 앞으로의 각오는 무엇인가요?
- 어떤 병과에 가고 싶은가요? 그 이유는?
- ㅇㅇ사관학교 졸업 후 진로 계획은?

- ○○사관학교에서 어떤 공부를 하고 싶은가요?
- 어떤 군인이 되고 싶은가요? 앞으로의 계획과 각오는?

■ 사관학교 면접 기출 시사문제

- 코로나 팬데믹 상황에서 국방비를 줄이고 그 대신 코로나 관련 예산을 늘려야 하는지 본인의 생각은?
- 사형제도에 관해 본인의 생각은?
- 안락사에 관한 본인의 생각은?
- AI가 구식 군대와 군인을 대체할 수 있을지 본인의 생각은?
- 안보위협 세력의 변화, 기후변화, 인구 감소 등과 관련해 우리 군은 어떻게 대응해야 할까요?
- 양심적 병역거부에 관해 본인의 생각은?
- 초급장교로 임관하면, 어떤 장교가 되고 싶은가요?
- 국가의 안보를 위해 개인의 권리를 제한하는 것에 관해 본인의 생각은?
- 현재 예술과 스포츠 분야에서 세계적으로 업적을 세운 사람들에게 병역면제를 제공하는 것과 관련해 양심적 병역 거부자들이 불공평하다는 주장을 하고 있습니다. 이에 대한 생각은?
- 김정은과 대화 시간이 10분 주어진다면 무슨 이야기를?
- 사관학교에서는 기본권이 침해될 수도 있는데 어떻게 생각하나요?
- 우리나라 역사에서 가장 자랑스러웠던 그리고 가장 수치스러웠던 사건은?
- 화랑정신에 관해 아는 대로 말해보세요.
- 우리나라의 통일이 우선인가요, 현 체제의 안정적 유지가 우선인가요?
- 통일에 대한 자신이 생가과 그 근거는?
- 본인이 생각하는 국가란 무엇인가요?
- 본인이 생각하는 자주국방이란?
- 북한의 평화체결 요구에 관해 어떻게 생각하나요?
- 본인이 생각하는 군인으로서 명예가 무엇인가요?
- 징병제와 모병제에 관해 지원자의 생각은?

- 인구절벽이 올 경우 모병제로 가야 하나요? 징병제를 유지해야 하나요?
- 여성의 군대복무에 관해 지원자의 생각을 말해보세요.
- 여성 징병제에 관해서 어떻게 생각은?
- 여군의 수를 늘리는 것에 관해 어떻게 생각하나요?
- 여자도 사병으로 군대에 가는 것에 관해 어떻게 생각하나요?
- 대체복무에 관해 어떻게 생각하나요?
- 우리의 주적은?
- 북한은 우리의 주적인가요? 그들이 주적인 이유는 무엇인가요?
- 북한이 주적이라면 일본은 왜 주적이 아닌가요?
- 주적 삭제에 관해 본인의 생각은?
- 북핵 논란을 어떻게 해결해야 할지 본인의 생각은?
- 우리나라에 전술핵을 배치하는 것에 관한 본인의 생각은?
- 북한의 잇따른 미사일 도발에 대해 어떻게 대처해야 한다고 생각하나요?
- 북한의 핵 도발에 대응하여 전술핵을 배치한다면 중국의 반발이 있지 않을까요?
- 현 정부가 북한과의 평화를 추구하는데도 국방비를 줄여서는 안 되는 이유는?
- KAMD(한국형 미사일 방어 체계)와 THAAD(사드)에 관해 설명하시오.
- 사드 배치에 관해 어떻게 생각하나요?
- 사드 배치와 관련해 우리 기업이 중국에서 불이익을 받는 것을 어떻게 생각하나요?
- 북한의 지속적인 미사일 도발에 대해 어떻게 생각하나요?
- 북한이 도발하면 어떻게 대처해야 하나요?
- 북한이 비핵화 결의를 지키지 않을 경우 어떤 방안이 있을까요?
- 우리나라는 핵보유국이 돼야 하나요?
- 전시작전통제권 환수에 관해 어떻게 생각하나요?
- 전시작전권 환수가 반드시 필요한가요? 그렇다면 적절한 시기는 언제인가요?
- 주한 미군 방위비 분담 압박에 관해서 어떻게 생각하나요?
- 주한미군은 통일의 장애물인가요?
- 한미군사동맹에 관해 본인의 생각은?
- 한미 동맹은 중요하지만, 다른 나라와의 동맹은 어떻게 생각하나요?
- 우리나라에서는 미국만큼 군인에 대한 인식과 존중이 부족합니다. 이를 해결하기 위해 어떻게 해야 할까요?

- 미국, 북한, 중국, 간의 외교를 어떻게 해야 할까요?
- 우리나라는 미국 편에 서야 하나요? 중국 편에 서야 하나요?
- 사드배치 문제로 중국과의 상황이 안 좋아졌는데요. 어떻게 협력관계를 유지해야 하나요?
- 중국과의 교류를(동맹을) 끊는 것이 국익에 유리한가요?
- 중국의 일대일로 정책에 관해 지원자의 생각은?
- G2 중국과 미국 중 중국과의 동맹이 더 유리한 것 같은데 지원자는 어떻게 생각하나요?
- 대중국 정책에서 강력한 자주외교가 가능한가요?
- 일본과의 외교 문제는 어떻게 풀어나가야 할까요?
- 일본과의 지소미아 관계는 파기해야 하나요?
- 지소미아 협정 파기에 관해 지원자의 생각은?
- 일본과는 위안부 관련 문제나 독도 관련 문제 등 충돌이 잦습니다. 어떻게 풀어나가는 것이 바람직할까요?
- 독도는 왜 우리 땅인가요?
- 일본 초계기 사건에 관해 지원자의 생각은?
- 6.25 전쟁 관련 유골 송환을 반드시 해야 하나요?
- 6.25 전쟁 때 미국이 개입하지 않았다면 어떻게 됐을까?
- 천안함 피격 사건에 관해 아는 대로 말해보세요.
- 2015년 DMZ 지뢰폭발사건에 관한 본인의 생각은?
- 8.15는 광복절인가요? 건국절인가요?
- 광복절의 의미는 무엇이라고 생각하나요?
- 연평해전에 관한 본인의 생각은?
- ○○사관학교 상징 동물이 무엇인가? 상징 식물은 무엇인가요?
- 최근 탈북자들이 급증하는 것에 관한 자신의 생각은?
- 안보를 금전적 가치로 평가할 수 있나요?
- 기성세대와 현세대의 통합을 이루려면 어떻게 해야 하나요?
- 군사분계선에서 우리 군을 철수하는 것이 가능한 일일까요?
- 우리나라의 문화와 전통을 외국인에게 자랑한다면 무엇이 있을까요?
- 본인이 생각하는 군인으로서 가장 중요한 자질은 무엇인가요?
- 북한은 평화적 분위기에서 한미 군사훈련을 예정대로 진행하는 것에 관해 불만을 표

출하고 있는데 이에 대해 어떻게 생각하나요?

- 부대 상사가 방산 비리와 같은 부당한 명령을 하달했을 때 어떻게 대처할 것인가요?
- 4.27 판문점 선언에 관한 역사적 의의를 말해보세요.
- 워리어 플랫폼에 관해 아는 대로 말해보세요.
- 한국형 3축 체계에 관해 아는 대로 말해보세요.
- 핵 · WMD 대응체계에 관해 아는 대로 말해보세요.
- 국방개혁 2.0에 관해 아는 대로 말해보세요.
- 환태평양경제동반자협정(TPP)에서 한국의 역할에 대해 말해보세요.
- 인도태평양경제프레임워크(IPEF)에서 한국의 역할에 대해 말해보세요.
- 역내포괄적경제동반자협정(RCEP)에서 한국의 역할에 대해 말해보세요.
- 중국의 조선족을 비롯한 소수민족에 대한 민족정체성 말살정책에 대한 본인의 생각은?

4) 학생부 반영

■ 국군간호사관학교

- 국간사의 학생부 반영은 우선선발에서 고교학교장 추천의 경우 500점 만점 기준 100점, 일반우선 125점이 반영되며, 종합선발의 경우 1,000점 만점에서 100점이 반영된다.
- 반영과목: 국어, 영어, 수학, 도덕, 사회, 과학 관련 과목 중 석차등급(9등급)이 산출되는 모든 이수과목(진로선택과목은 반영하지 않음).
- 결석일수당 비교과 성적 총점의 3%씩 감점(무단지각, 조퇴, 결과는 1회당 0.5일로 간주). 교과성적이 최대 90점, 출결성적이 최대 10점 반영된다.
- 반영비율: 전 학년 반영과목 평균점수(재학생–3학년 1학기까지, 졸업생–3학년 2학기까지, 검정고시–비교내신 적용).

<표Ⅱ-31> 국군간호사관학교 교과성적 산출방법

등급	1	2	3	4	5	6	7	8	9
점수	100	97	94	91	88	85	82	79	76

* 교과성적 산출공식(100점 만점)
(과목 1등급 점수×이수단위수+과목2 등급점수×이수단위수+과목 n등급 점수×이수단위수)÷이수단위 총합

※ 교과성적 산출공식(100점 만점): (과목1 등급 점수×이수단위수+과목2 등급 점수×이수단위수+과목n 등급 점수×이수단위수)÷이수단위 총합

<표Ⅱ-32> 국군간호사관학교 전형별 성적 반영

구분		반영과목	반영점수
고교학교장 추천 종합선발	교과	교과성적(100점 만점)산출 후×0.9	90점
	비교과	결석일수×0.3감점/무단지각, 조퇴, 결과는 1회당 0.5일 간주	10점
일반우선 특별전형	교과	교과성적(100점 만점)산출 후×1.125환산	112.5점
	비교과	결석일수×0.375감점/무단지각, 조퇴, 결과는 1회당 0.5일 간주	12.5점

■ 공군사관학교

공군사관학교는 2023학년도부터 학교생활기록부 성적 반영방식에 변경을 주었다. 2022학년도까지 인문/자연 계열별로 사회/과학 교과를 구분하여 반영하던 방식에서, 계열 구분 없이 석차 등급이 산출되는 전 이수과목을 반영한다.

공통	국어, 영어, 수학	
계열별	인문계	사회교과만 반영
	자연계	과학교과만 반영

국어, 영어, 수학, 사회, 과학
- 계열 미구분 석차등급이 산출되는 全 이수과목 반영
- 진로선택과목은 미반영

* 재학생은 3학년 1학기, 졸업생은 3학년 2학기까지 개인별 전 이수과목을 평가함
* 진로선택과목은 제외, 최소 이수 과목/단위 기준 없음

<표Ⅱ-33> 공군사관학교 과목별 등급 점수

등 급	1	2	3	4	5	6	7	8	9
점 수	100	97	94	91	88	85	82	79	76

* 산출공식: (과목1 등급점수×이수단위수+과목2 등급점수×이수단위수 …… +과목n 등급점수×이수단위수)÷이수단위수 총합

■ 육군사관학교

육사의 학생부 반영은 우선선발(적성우수) 및 종합선발은 100점 만점으로 반영, 우선선발(고등학교 학교장 추천)은 200점 만점으로 환산하여 반영(100점 만점 환산점수×2)한다.
또한, 특별전형에서(독립유공자 손자녀 및 국가유공자 자녀, 고른기회전형) 선발 시 100점 만점으로 반영한다. 단, 재외국민자녀전형은 미반영한다.
내신성적 반영되는 모든 학기 교과점수의 평균을 계산하여 다음과 같이 등급별(1~15등급)로 산정한다.

<표Ⅱ-34> 육군사관학교 등급별 산정 점수

등급	전(全) 학기 교과점수 평균	교과점수	등급	전(全) 학기 교과점수 평균	교과점수
1	9.00~8.76이상	90.0	9	4.52미만~3.72이상	86.0
2	8.76미만~8.44이상	89.5	10	3.72미만~3.00이상	85.5
3	8.44미만~8.04이상	89.0	11	3.00미만~2.44이상	85.0
4	8.04미만~7.56이상	88.5	12	2.44미만~1.96이상	84.5
5	7.56미만~7.00이상	88.0	13	1.96미만~1.56이상	84.0
6	7.00미만~6.28이상	87.5	14	1.56미만~1.24이상	83.5
7	6.28미만~5.48이상	87.0	15	1.24미만~1.00	83.0
8	5.48미만~4.52이상	86.5			

* 공통 및 일반 선택과목만 반영하며, 진로 선택과목 및 소인수 과목(이수인원 13명 이하)은 미반영
* 졸업생의 경우 교과과목 개편 전 과목 반영
* 재학생: 3학년 1학기까지 이수한 학기의 반영과목
* 졸업생: 3학년 2학기까지 이수한 학기의 반영과목

등급	1	2	3	4	5
결석일수(일)	0~2	3~6	7~15	16~30	31 이상
출결점수(10점 만점)	10	9	8	7	6

■ 해군사관학교

해사의 학생부 반영은 우선선발과 종합선발에서 각각 1,000점 만점에 100점/50점이 반영된다.

교과성적이 최대 90점, 출결성적이 최대 10점 반영된다.

- 반영과목: 국어, 영어, 수학, 도덕, 사회, 과학 관련 과목 중 석차등급(9등급)이 산출되는 모든 이수과목.
- 진로선택과목은 반영하지 않음.
- 반영비율: 전 학년 반영과목 평균점수(재학생–3학년 1학기까지, 졸업생–3학년 2학기까지, 검정고시–비교내신 적용).
- 교과 반영점수 = Σ(석차등급점수×이수단위)÷Σ이수단위

<표Ⅱ-35> 해군사관학교 교과성적 산출방법

등급	1	2	3	4	5	6	7	8	9
점수	90	89.5	89	88.5	88	87	85	81	75

출결성적 반영 방법

등급	1	2	3	4	5
결석일수	0~2일	3~6일	7~15일	16~30일	31일 이상
점수	10	9	8	7	5

5) 수능 반영

사관학교는 수능도 본인의 계열에 따라 해당하는 과목을 선택해 응시해야 한다. 인문계열의 경우 국어는 화작/언매 중 택1이고, 수학은 인문 확통/미적/기하 중 택 1, 자연은 미/기 중 택 1이다. 탐구는 인문계열은 사회/과학 중 택 2, 자연계열은 과학 중 택 2를 해야 한다. 동일분야 Ⅰ+Ⅱ 응시도 인정한다. 즉, 자연계열 수능 준비 학생은 인문으로 교차지원이 가능하지만, 인문계열 수능을 준비 중인 학생은 자연으로 지원할 수 없다. 만약 수능 응시계열이 최초 지원계열과 일치하지 않는 경우 선발 대상에서 제외된다.
예) 자연계열 지원 후 사회탐구에 응시하는 경우 선발 대상에서 제외.

<표Ⅱ-36> 사관학교 수능 영역별 반영 방법

구분 \ 점수	과목							
	국어	영어	수학			탐구		
			배점	인문	자연	배점	인문	자연
국간사	200	200	200	확통, 미적, 기하 중 택 1	미적, 기후 중 택 1	100	사, 과 중 택 2과목	과학 중 택 2과목
공사	150	100	150			100		
육사	200	100	200			70 (한국사30)		
해사	국어, 수학: (과목 표준점수÷과목 전국 최고 표준점수)×200 탐구영역: (과목 표준점수÷과목 전국 최고 표준점수)×50 총점 환산: 전 과목(국어, 영어, 수학, 탐구영역, 한국사) 취득점수의 합계×650/750							

<표Ⅱ-37> 사관학교 수능 영어 반영 방법

구분 \ 등급	1등급	2등급	3등급	4등급	5등급	6등급	7등급	8등급	9등급
국간사	200	190	170	140	110	80	60	50점	40
공사	100	96	88	76	60	40	16	10점	5
육사	100	96	88	76	60	40	16	10점	5
해사	200	180	160	130	100	80	60	40	20

<표Ⅱ-38> 사관학교 수능 한국사 반영 방법

구분 \ 등급		1등급	2등급	3등급	4등급	5등급	6등급	7등급	8등급	9등급
국간사	인문	10	9	8	7	6	5	4	3	2
	자연	10	10	9	8	7	6	5	4	3
공사		-	-	-	-	-	-	-	-	-
육사		30	30	30	27	24	21	18	15	12
해사		50	45	40	35	30	25	20	15	10

6) 가산점

4개 사관학교는 공통적으로 한국사능력검정시험 가산점을 적용한다. 2024학년도 적용 회차는 제47회~60회다. 사관학교별로 국간사 1%(5점), 공사는 2%(20점), 육사 0.3%(3점), 해사 0.5%(5점) 이다.

<표Ⅱ-39> 2024학년도 사관학교 한국사인증시험 가산점

구분	급수체계						비고
	심화			기본			
	1급	2급	3급	4급	5급	6급	
육사	3점	2.6점	2.2점	1.5점	1.1점	0.7점	• 우선선발 및 특별전형에만 적용 • 급수체계 인정: 52회~65회 적용
해사	5점	4점	3점				• 급수회차: 52회~65회 적용
공사	5점	3.5점	2점				• 52회~65회 적용
국간사	5점	3점	1점				• 우선선발 지원자 중 제출자 - 급수회차: 52회~65회 적용

<표II-40> 2023년 한국사 인증시험 일정

구분	접수	추가접수	시험일	합격자발표
64회	03.20(월)~03.27(월)	03.31(금)~04.03(월)	04.15(토)	04.28(금)
65회	05.22(월)~05.29(월)	06.02(금)~06.05(월)	06.17(토)	06.30(금)
66회	07.17(월)~07.24(월)	07.28(금)~07.31(월)	08.13(일)	08.25(금)
67회	09.18(월)~9.25(월)	10.02(월)~10.06(금)	10.21(토)	11.03(금)
68회	11.06(월)~11.13(월)	11.17(금)~11.20(월)	12.02(토)	12.15(금)

육군사관학교는 한국사 인증시험 이외에도 체력검정 全 종목 만점자에게 총점에서 가산점 1점 부여된다.

해군사관학교는 한국사 인증시험 이외에도 다음과 같은 다양한 가산점이 부여된다.

- **체력검정 전 종목 1등급 획득 시 가산점 1점 부여**
- **태권도 3단, 유도/검도 2단 이상 가산점 1점 부여**
  - 국기원, 대한유도회, 대한검도회 발급 단증에 한해 1개만 인정(최대1점)
  - 태권도 4품은 품증 인정
- **수상인명구조자격(LIFE GUARD)보유시가산점 1점부여**
  - 해양경찰청 인증 교육기관에서 발급된 자격증에 한해 인정(단, 만 18세 이하의 경우 해당 기관의 '교육이수증'도 인정)

사관학교별 준비 전략

가. 국군간호사관학교

1) 모집 인원

<표Ⅱ-41> 국군간호사관학교 모집 인원

<table>
<tr><th colspan="2" rowspan="2">구분</th><th colspan="2" rowspan="2">비율</th><th colspan="3">계열</th><th rowspan="2">비고</th></tr>
<tr><th>계</th><th>인문
(40%)</th><th>자연
(60%)</th></tr>
<tr><td colspan="4">총계</td><td>90</td><td>37
(남6/여31)</td><td>53
(남8/여45)</td><td>남15%내외</td></tr>
<tr><td rowspan="3">일반
전형</td><td rowspan="2">우선
선발</td><td>학교장추천</td><td>50%이내</td><td>42</td><td>17</td><td>25</td><td></td></tr>
<tr><td>일반우선</td><td>10%이내</td><td>8</td><td>3</td><td>5</td><td></td></tr>
<tr><td>종합
선발</td><td colspan="2">40%내외</td><td>34</td><td>14</td><td>20</td><td></td></tr>
<tr><td rowspan="3">특별
전형</td><td colspan="3">독립유공자 손자녀 및 국가유공자 자녀</td><td>2</td><td>1</td><td>1</td><td rowspan="2">종합성적 서열이
종합선발 정원의
2배수 이내</td></tr>
<tr><td colspan="3">고른기회 전형</td><td>2</td><td>1</td><td>1</td></tr>
<tr><td colspan="3">재외국민 자녀</td><td>2</td><td>1</td><td>1</td><td>종합성적 서열이
우선선발 정원의
2배수 이내</td></tr>
</table>

국군간호사관학교는 2024학년도(제68기)에 지난해와 동일하게 90명을 모집한다. 계열별로 인문 37명, 자연 53명 모집하며, 성별 인원은 여자 76명 남지 14명으로 남자 모집인원이 5명 늘었다.

고교학교장 추천은 학교별 졸업예정자 및 졸업자(1명) 포함하여 4인 이내 추천할 수 있다. 특별전형은 독립유공자손자녀/국가유공자자녀, 고른기회, 재외국민 자녀 등 세 가지 전형에서 전형별/계열별 각 1명씩 총 6명을 모집한다.

고교학교장추천, 특별전형→일반우선→우선선발순으로 선발한다. 고교학교장추천전형과 특별전형으로 지원한 수험생은 불합격하더라도 2번의 추가 기회가 주어진다는 특징이 있다. 기존에는 특별전형 불합격자가 바로 종합선발 대상자가 되었지만, 2023학년도부터 일반우선이 신설되어 한 번의 기회가 더 주어지게 되는 것이다.

단, 고교학교장 추천전형과 특별전형은 복수 지원이 불가하다.

2) 전형 방법

고교학교장추천전형의 배점은 1차 시험 100점(20%)+면접 250점(50%)+체력검정 50점(10%)+학생부(교과/비교과) 100점(20%)+한국사능력검정시험 가산점을 종합해 총점 500점+가산점으로 선발한다. 1차 시험 합격 인원은 모집정원 기준 인문 남자 4배수, 자연 남자 8배수, 여자 4배수를 선발한다.

<표 II-42> 국군간호사관학교 1차 시험 시험장(2024학년도)

지역	서울	경기1	경기2	강원	충청	전라	경북	경남	제주
장소	송례중 (송파)	경기경영고 (부천)	풍양중 (남양주)	강릉고 (강릉)	충남여중 (대전)	주월중 (광주)	대구공고 (대구)	여명중 (부산)	제주제일고 (제주)

<표Ⅱ-43> 국군간호사관학교 전형별 배점

<table>
<tr><th rowspan="3">구분</th><th rowspan="3" colspan="2">전형</th><th rowspan="3">모집
인원</th><th rowspan="3">비율
(%)</th><th colspan="7">배점</th></tr>
<tr><th rowspan="2">1차
시험</th><th colspan="2">2차 시험</th><th colspan="2">학생부</th><th rowspan="2">수능</th><th rowspan="2">한국사
가산점</th></tr>
<tr><th>체력</th><th>면접</th><th>교과</th><th>비교과</th></tr>
<tr><td rowspan="3">일반
전형</td><td rowspan="2">우선
선발</td><td>고교학교장추천</td><td>42</td><td>46.7</td><td>100</td><td>50</td><td>250</td><td>90</td><td>10</td><td>-</td><td>5</td></tr>
<tr><td>일반우선</td><td>8</td><td>8.9</td><td>125</td><td>50</td><td>200</td><td>112.5</td><td>12.5</td><td>-</td><td>5</td></tr>
<tr><td colspan="2">종합선발</td><td>34</td><td>37.8</td><td>-</td><td>50</td><td>150</td><td>90</td><td>10</td><td>700</td><td>-</td></tr>
<tr><td rowspan="3">특별
전형</td><td colspan="2">독립유공자 손자녀 및
국가유공자 자녀</td><td>2</td><td rowspan="3">6.7</td><td rowspan="3">125</td><td rowspan="3">50</td><td rowspan="3">200</td><td rowspan="3">112.5</td><td rowspan="3">12.5</td><td rowspan="3">-</td><td rowspan="3">5</td></tr>
<tr><td colspan="2">고른기회 전형</td><td>2</td></tr>
<tr><td colspan="2">재외국민 자녀</td><td>2</td></tr>
</table>

2023년 새로 신설된 일반우선전형은 1차 시험 125점(25%)+면접 200점(40%)+체력검정 50점(10%)+학생부(교과/비교과) 125점(20%)+한국사능력검정시험(가산점) 성적을 반영해 총점 500점+가산점으로 선발한다.

종합선발은 1차 시험에 합격한 인원 중 우선선발에 선발되지 않은 학생을 대상으로, 면접 150점(15%)+체력검정 50점(5%)+학생부(교과/비교과) 100점(10%)+수능 700점(70%)+한국사(수능) 가산점 10점으로 선발한다. 유일하게 수능을 반영하는 전형이다.

수능성적은 700점 만점에 국어, 수학, 영어 각 200점 반영하며, 탐구는 과목당 35점 총 70점으로 축소되었으며, 한국사는 2023학년도까지 가산점으로 10점을 부여했으나 2024학년도부터 30점의 배점으로 반영한다.

수능 응시과목에서 수학/탐구 과목의 선택과목에서 인문의 경우 확률과통계/미적분/기하 중 1과목 및 사회/과학 구분 없이 2과목 선택해도 된다. 반면 자연의 경우 미적분/기하 중 1과목을 응시해야 하며, 과학 2과목(자유선택)을 선택해야 한다.

특별전형은 1차 시험 125점(25%)+면접 200점(40%)+체력검정 50전(10%)+학생부(교과/비교과) 125점(20%)+한국사능력검정시험(가산점) 성적을 반영해 총점 500점+가산점으로 선발한다.

3) 학생부 성적 반영 방법

학생부 성적은 교과와 비교과로 나뉜다. 교과성적은 국어 수학 영어 사탐 과탐 중 석차능급(1~9)이 산출되는 공통과목과 일반선택과목이 반영된다. 재학생은 3학년 1학기까지, 졸업생은 3학년 2학기까지의 이수과목을 반영한다.

<표Ⅱ-44> 국간사 학생부 교과성적 산출 방법

석차등급	1등급	2등급	3등급	4등급	5등급	6등급	7등급	8등급	9등급
점수	90	87.3	84.6	81.9	79.2	76.5	73.8	71.1	68.4

학생부상 석차등급 기준으로 1등급 90점~9등급 68.4점으로 등급 간 2.7점씩 차등을 둔다. 교과성적은 등급점수와 이수단위 수를 계산해 100점 만점으로 환산한다. 고교학교장추천과 종합선발의 경우 교과성적을 90점 만점으로 산출하여 반영한다.
비교과는 총점(10점)에서 결석일수당 0.3점씩 감점한다. 병결 · 학교장 승인 결석은 결석일수에서 제외되나, 무단지각 · 조퇴 · 결과는 1회당 0.5일로 간주한다.
검정고시, 특성화고, 해외고교/영재학교 졸업(예정)자는 비교내신을 활용한다. 우선선발은 2차 시험 합격자의 1차 시험 성적 분포(석차)를, 종합선발은 수능 성적 분포(석차)를 기준으로 해당하는 비율의 학생부 성적을 산출하여 적용한다.

4) 2차 시험 준비 방법

1차 시험에서 모집정원의 4배수(남자 자연-8배수)를 선발하여 2차 시험을 진행한다. 2차 시험은 타 사관학교와 같이 신체검사, 면접(AI면접/구술면접), 체력검정으로 진행된다.

① 신체검사

신체검사는 다시 신장과 체중을 활용한 신체등위와 신체검사로 구분된다. 신체등위(신장/체중)는 1, 2급은 합격, 4급(남/여 BMI 17 미만, 33 이상)인 경우 불합격하게 된다. 3급은 2차 시험 종합심의위원회에서 합불을 결정하게 된다. 그 외 신체검사 기준은 국군대전병원에서 진행하는 결과에 따라 1~3급은 합격, 4~5급은 불합격된다.

<신장·체중 측정 및 각 과별 신체검사 결과 합격·불합격 판정>

- 신장·체중에 따른 합격등위 : 〈육군규정 161. 건강관리규정〉 별표 10. "신장·체중에 따른 신체등위" 적용하여 1~2급을 원칙으로 하며, 3급은 심의를 통해 합격 여부 결정
  - ※ 신체등위 기준(BMI, Body Mass Index, 체질량지수 기준) : 체중(kg) / 신장(m)^2
  - ※ 신장의 측정단위는 센티미터로 하되, 소수점 이하는 첫째 자리까지 포함하며, 체중의 단위는 킬로그램으로 하되, 소수점 이하는 첫째 자리까지 포함한다. BMI를 계산하고 산출된 BMI 지수 중 소수점 둘째 자리 이하는 버린다.

[남자]

단위: BMI(kg/m^2)

등급 신장(cm)	1급	2급	3급	4급(불합격)
161 미만	-	-	17이상~33미만	17미만 33이상
161 이상	20이상~25미만	18.5이상~20미만 25이상~30미만	17이상~18.5미만 30이상~33미만	17미만 33이상

[여자]

단위: BMI(kg/m^2)

등급 신장(cm)	1급	2급	3급	4급(불합격)
155 미만			17이상~33미만	17미만 33이상
155 이상	20이상~25미만	18.5이상~20미만 25이상~30미만	17이상~18.5미만 30이상~33미만	17미만 33이상

* 신장(cm) 체중(kg) 측정값과 BMI는 소수점 첫째 자리까지 포함, 둘째 자리 이하는 버림

② 체력검정

체력검정은 오래달리기(남 1.5km / 여 1.2km), 윗몸일으키기, 팔굽혀펴기로 진행한다. 1급부터 15급까지 구분하며 불합격판정이 존재한다. 오래달리기는 남자 7분 39초 이후, 여자 7분 30초 이후에 들어오는 경우 불합격 처리된다.

윗몸일으키기는 2분간 실시하며 남자는 17개 이하, 여자는 7개 이하인 경우 15등급 미만을 부여받는다. 팔굽혀펴기 역시 2분간 실시하며 남자는 9개 이하, 여자는 1개 이하인 경우 역시 15등급 미만을 부여한다. 윗몸일으키기 팔굽혀펴기 중 1종목 이상 15등급 미만 획득 시 2차 시험 종합심의위원회에서 합격여부를 결정한다.

종목별 1회 측정으로 종료

구분		1등급	2등급	3등급	4등급	5등급	6등급	7등급	8등급	9등급	10등급	11등급	12등급	13등급	14등급	15등급	15등급미만
오래달리기	남 (1.5km)	5'41" 이내	5'42" ~ 5'49"	5'50" ~ 5'57"	5'58" ~ 6'05"	6'06" ~ 6'13"	6'14" ~ 6'21"	6'22" ~ 6'29"	6'30" ~ 6'37"	6'38" ~ 6'45"	6'46" ~ 6'53"	6'54" ~ 7'01"	7'02" ~ 7'10"	7'11" ~ 7'19"	7'20" ~ 7'28"	7'29" ~ 7'38"	7분 39초 이상
	여 (1.2km)	5'34" 이내	5'35" ~ 5'42"	5'43" ~ 5'50"	5'51" ~ 5'58"	5'59" ~ 6'06"	6'07" ~ 6'14"	6'15" ~ 6'22"	6'23" ~ 6'30"	6'31" ~ 6'38"	6'39" ~ 6'46"	6'47" ~ 6'54"	6'55" ~ 7'02"	7'03" ~ 7'11"	7'12" ~ 7'20"	7'21" ~ 7'29"	7분 30초 이상
	배점	20.0	19.4	18.8	18.2	17.6	17.0	16.4	15.8	15.2	14.6	14.0	13.4	12.8	12.2	11.6	불합격
윗몸일으키기	남	80회 이싱	79 ~ 76	75 ~ 72	71 ~ 68	67 ~ 64	63 ~ 60	59 ~ 56	55 ~ 52	51 ~ 48	47 ~ 44	43 ~ 39	38 ~ 34	33 ~ 29	28 ~ 24	23 ~ 18	17회이하
	여	64회 이상	63 ~ 60	59 ~ 56	55 ~ 52	51 ~ 48	47 ~ 44	43 ~ 40	39 ~ 36	35 ~ 32	31 ~ 28	27 ~ 24	23 ~ 20	19 ~ 16	15 ~ 12	11 ~ 8	7회이하
	배점	15.0	14.5	14.0	13.5	13.0	12.5	12.0	11.5	11.0	10.5	10.0	9.5	9.0	8.5	8.0	0
팔굽혀펴기	남	64회 이상	63 ~ 61	60 ~ 58	57 ~ 54	53 ~ 50	49 ~ 46	45 ~ 42	41 ~ 38	37 ~ 34	33 ~ 30	29 ~ 26	25 ~ 22	21 ~ 18	17 ~ 14	13 ~ 10	9회이하
	여	30회 이상	29 ~ 28	27 ~ 26	25 ~ 24	23 ~ 22	21 ~ 20	19 ~ 18	17 ~ 16	15 ~ 14	13 ~ 12	11 ~ 10	9 ~ 8	7 ~ 6	5 ~ 4	3 ~ 2	1회이하
	배점	15.0	14.5	14.0	13.5	13.0	12.5	12.0	11.5	11.0	10.5	10.0	9.5	9.0	8.5	8.0	0

* 윗몸일으키기, 팔굽혀펴기 15등급 미만: 2차 시험 종합심의위원회에서 합·불 결정

③ 면접

면접은 지원동기서, 학교생활기록부, AI면접결과지, 다면적인성검사결과지 등을 참고해 블라인드로 진행된다. 블라인드 면접을 시행하므로 본인의 성명, 출신고교, 부모 직업 및 주소 등을 언급하지 않아야 된다. AI면접과 다면적 인성검사는 반드시 참가해야 하며, 면접은 내적영역/대인영역/외적영역 등으로 나누어 평가하는데, 1개 영역이라도 40% 미만 득점하거나 면접 총 점수의 60% 미만으로 득점하는 경우 2차 시험 종합심의위원회에서 합/불을 결정한다.

AI면접에 대한 세부사항은 입학안내 홈페이지 게시판에 안내할 예정이다.

<표Ⅱ-45> 국군간호사관학교 면접

구 분	평 가 요 소	비 고
1분과 (내적영역 Ⅰ)	지원동기, 진취성, 긍정성 * MMPI 결과제공	공통참고자료: 학교생활기록부, 지원동기서
2분과 (내적영역 Ⅱ)	도덕성, 책임감, 역사(안보)관	
3분과 (대인영역)	리더십, 사회성, 의사소통 능력 * AI면접 결과 제공	
외적영역 (분과공통)	외모, 복장, 자세, 균형, 발성, 발음	

전체적으로 문제에 대한 특정한 정답을 요구하기보다는 의사소통 능력, 수험생들이 오랜 기간에 걸쳐 형성한 성격과 가치관을 바탕으로 한 답변의 설득력, 일관성, 진정성, 자신감, 배려심, 판단력 등을 평가한다. 역사(안보)관 면접은 일반상식 수준의 역사 및 안보와 관련된 지문을 제시하고 개인의 견해를 묻는 범위 내 출제하여 기본적인 역사적 사고에 대한 이해를 파악하고자 한다.

면접 답변 시 유의할 점으로는, **국간사는 포인트가 간호사보다는 '군인(장교)'에 있다는 것**을 유념하여 답변하는 것이 좋다.

국군간호사관학교 2022학년도 면접 후기

[1분과: 내적 영역]

면접은 부드러운 분위기에서 진행이 되었습니다. 학교생활기록부와 지원동기서를 기반으로 진행되니 내용을 잘 숙지하고 있어야 됩니다.

* 국군간호사관학교에 지원한 동기를 말해보세요.
* 간호사가 희망인데 굳이 국간사에 지원한 이유는?
* 고등학교 생기부를 보면 간호장교가 진로 희망이 아닌데 지원한 이유는?
* 간호 장교가 일반 전투 분과의 장교와 다른 점은 무엇이라 생각하나?
* 본인 성격의 장단점은?
* 간호장교에 필요한 자질은 무엇이라고 생각하나?
* 간호장교가 된다면 앞으로의 계획은?

[2분과: 대인 영역]

단체 생활의 적응력, 사회성 및 협동심 등을 평가합니다. 역시 학교생활기록부와 지원동기서를 기반으로 진행되니 내용을 잘 숙지하고 있어야 됩니다.

* 리더로서 가장 중요한 자질은 무엇이라고 생각하나?
* 간호장교에게 필요한 자질은 무엇이라고 생각하나?
* 가장 이상적인 리더십은 무엇이라고 생각하나?
* 학교생활 중 친구들과 갈등이 있었던 사례와 해결과정은?
* 기억나는 봉사활동은 무엇이고, 그 이유는?
* 상관이 부당한 명령을 한다면 어떻게 할 것인가?

[3분과: 외적 영역/역사관 및 안보관]

질문 내용은 안보, 역사관련 상식을 묻는 내용이 추가되지만 1분과, 2분과와 비슷한 내용으로 진행됩니다.

* 우리나라 역사 중 가장 자랑스럽다고 생각하는 사건은? 그 이유는?
* 우리나라에 대한 외세 침략 중 가장 인상 깊은 침략은? 그 이유는?
* 독립운동가 및 참전용사들이 받는 처우에 대해 어떻게 생각하나?
* 통일에 대한 본인의 생각은?
* 전쟁이 난다면 본인은 어떤 역할을 수행할 수 있나?
* 간호장교에게 가장 필요하다고 생각되는 역량은?

나. 공군사관학교

1) 모집 인원

<표Ⅱ-46> 공군사관학교 2024학년도 모집인원

<table>
<tr><th>계</th><th colspan="2">남자(199명 내외)</th><th colspan="2">여자(36명 내외)</th></tr>
<tr><td rowspan="2">235명</td><td>인문계열</td><td>자연계열</td><td>인문계열</td><td>자연계열</td></tr>
<tr><td>60명 내외</td><td>139명 내외</td><td>16명 내외</td><td>20명 내외</td></tr>
</table>

공군사관학교는 2024학년 제76기 사관생도를 전년도와 동일하게 235명을 모집한다. 전체 모집인원은 전년도와 동일하며, 여자는 인문 16명 내외, 자연 20명 내외로 전체 모집인원의 15%가량을 선발한다. 계열별로는 자연의 비율이 5%(10명) 증가했다.

<표Ⅱ-47> 공군사관학교 2024학년도 전형별 모집인원

<table>
<tr><th colspan="4">구분</th><th>인원</th><th>비고</th></tr>
<tr><td rowspan="7">우선선발
(정원의 80%내외)</td><td colspan="3">일반전형</td><td>92명 내외</td><td rowspan="8">공중근무자
신체검사 기준
충족자 선발</td></tr>
<tr><td colspan="3">고교학교장추천전형</td><td>71명 내외</td></tr>
<tr><td colspan="3">독립유공자 손자녀·국가유공자 자녀</td><td rowspan="4">15명 내외</td></tr>
<tr><td rowspan="3">특별전형</td><td rowspan="2">고른기회</td><td>농어촌학생</td></tr>
<tr><td>기초생활수급자·차상위계층</td></tr>
<tr><td colspan="2">재외국민자녀</td></tr>
<tr><td colspan="2">비조종</td><td>우주/신기술전문인력</td><td>10명 이내</td></tr>
<tr><td colspan="4">종합선발(정원의 20% 내외, 우선선발 비선발자 대상 '수능' 포함 선발)</td><td>47명 내외</td></tr>
</table>

2024학년도부터 우선선발에서 고교학교장추천전형과 우주/신기술전문인력전형의 2개 전형이 늘었다. 전형별 모집인원으로는 일반전형으로 92명, 고교학교장추천전형으로 71명, 특별전형으로 15명, 우주/신기술전문인력전형으로 10명 이내, 종합선발로 47명을 선발한다.
특히, 2024학년도부터는 조종분야에 고교학교장추천전형이, 비조종분야에서 우주/신기술전문인력전형이 특별전형으로 신설되어 선발한다.
고교학교장추천전형의 비선발자는 일반전형 대상자로 자동전환되지만, 우주/신기술전문인력전형의 비선발자의 경우 전환되지 않고 바로 불합격 처리된다. 특별전형 지원자 중 비선발된 지원자는 일반전형 대상자로 자동 전환되며, 일반전형에서도 비선발된 지원자는 종합선발 대상자로 자동 전환된다. 따라서 특별전형 지원자는 세 번의 기회가 주어진다는 특징이 있다.
입학 자격에서 제대군인의 입학연령 상한이 연장 적용된다는 특징이 있다. 제대군인지원에 관한 법률 제16조 제1항, 제2항에 따라 제대군인은 입학연령을 연장한다.

<표Ⅱ-48> 공군사관학교 입학연령 상한 연장 적용

복무 기간	상한 연장
2년 이상의 복무기간을 마치고 전역한 제대군인	3세
1년 이상 2년 미만의 복무기간을 마치고 전역한 제대군인	2세
1년 미만의 복무기간을 마치고 전역한 제대군인	1세

2) 전형 방법

공군사관학교는 타 사관학교와 동일하게 일반전형과 특별전형으로 구분하여 모집한다. 일반전형은 다시 우선선발과 종합선발로 구분하여 선발한다.
단, 두 전형 모두 6월 16일(금)~6월 26일(월) 원서 접수를 실시한다. 종합선발전형을 별도로 지원하는 것은 아니며, 1차 시험 통과자 중 우선선발에서 미선발된 인원을 대상으로 2차 시험 성적 및 수능점수가 합산되어 종합선발전형이 이루어지는 방식이다.
원서 접수 시 지원동기서를 함께 작성하여야 한다.
1차 시험 통과자에 한하여 2차 시험의 응시 자격이 주어지는데, 2차 시험은 신체검사, 체력검정, 면접으로 실시된다. 신체검사는 합/불을 판별하고, 체력검정은 150점, 면접은 고교학교장추천전형은 650점, 그 외는 450점, 학생부성적 100점(고교학교장추천전형은 200점), 한국사검정시험 가산점을 종합하여 선발한다. 종합선발에서는 1차 시험의 성적과 학생부 성적이 반영되지 않고 수능 성적이 400점으로 환산되어 반영된다.

<표Ⅱ-49> 공군사관학교 전형 방법

<table>
<tr><th rowspan="2">구분</th><th rowspan="2" colspan="3">전형</th><th rowspan="2">1차 시험</th><th colspan="3">2차 시험</th><th rowspan="2">학생부</th><th rowspan="2">한국사 검정</th><th rowspan="2">수능</th></tr>
<tr><th>신체 검사</th><th>체력 검정</th><th>면접</th></tr>
<tr><td rowspan="6">우선 선발</td><td rowspan="5">조종 분야</td><td colspan="2">일반전형</td><td>300</td><td rowspan="7">합불</td><td rowspan="7">150</td><td>450</td><td>100</td><td rowspan="6">0~5 가산점</td><td rowspan="6">-</td></tr>
<tr><td colspan="2">고교학교장추천전형</td><td>합/불</td><td>650</td><td>200</td></tr>
<tr><td rowspan="3">특별 전형</td><td>독립/국가유공자</td><td rowspan="4">300</td><td rowspan="5">450</td><td rowspan="4">100</td></tr>
<tr><td>고른기회</td></tr>
<tr><td>재외국민</td></tr>
<tr><td colspan="2">비조종분야</td><td>우주/신기술 전문인력</td></tr>
<tr><td>종합 선발</td><td colspan="3">조종분야</td><td>-</td><td>-</td><td>-</td><td>400</td></tr>
</table>

① 1차 시험

2024학년도 1차 시험은 4개 사관학교 공통으로 7월 29일 실시된다.

2023학년도부터는 일정 점수(과목별 원점수 600점 미만이면서 표준점수 하위 40% 미만)를 넘기지 못하면 불합격하는 1차 시험 과목 과락제가 폐지되었다.

올해 모집단위별 1차 시험 선발 배수는 남자 인문이 4배수, 자연이 6배수이며, 여자 인문이 8배수, 자연이 10배수다.

1차 시험은 원서접수 시 16개 시험장 중에서 고를 수 있다. 시험장은 다음과 같다.

<표Ⅱ-50> 공군사관학교 1차 시험 시험장(2024학년도)

서울				경기		강원
명일중(강동구)	서운중(서초구)	오금중(송파구)	신서중(양천구)	곡정고(수원)	정발고(고양)	강릉고(강릉)
충북	**제주**	**전북**	**전남·광주**	**부산**	**대구**	**경남**
남성중(청주)	제일고	완산고(전주)	장덕중(광주)	추후공지	달성고 (서구)	경남자동차고 (진주)

② 2차 시험

1차 시험 합격자는 등록서류 제출기간에(2024학년도: 8월 11일~8월 16일) 2차 시험 등록서류를 제출해야 한다. 제출서류에는 신원진술서, 기본증명서, 병적증명서, 신용정보조회서, 학교생활기록부, 건강보험요양급여내역서, 한국사능력검정시험성적 등이 있다. 특별전형 지원자는 조건에 따라 추가 제출서류가 있다.

2차 시험은 1일차 신체검사, 2일차 체력검정 및 면접 등 1박 2일로 진행한다.

시험기간은 2024학년도의 경우 2023. 8. 28.(월)~10. 13.(금) 중 실시되며, 장소는 공군사관학교에서 진행한다.

<표Ⅱ-51> 공군사관학교 2차 시험

구분	시험기준
신체검사 (합/불)	• 신체검사 당일 합격·불합격 판정 - 조종분야: 대한민국 공군 〈공중근무자 신체검사〉 기준 적용 * 저시력자 중 공군사관학교 신체검사를 통해 굴절교정술 적합자는 합격 가능 * 단, 굴절교정술을 받은 시기가 만21세 미만이면 불합격이고, 만21세 이상이면 의료기록 검토 후 불합격 조건에서 제외 가능 - 비조종분야: 대한민국 공군 〈일반신체검사〉 기준 적용 * 신체검사 결과에 따라, 조종분야와 비조종분야 간 전형 전환은 불가함.
체력검정 (15점)	• 3개 종목/배점 남자 1,500m / 여자 1,200m달리기: 65점 / 윗몸일으키기: 45점 / 팔굽혀펴기: 40점 • 불합격 기준 - 오래달리기 불합격 기준 해당자(남자: 7분 32초 이후, 여자 7분 30초 이후) - 3개 종목 중 15등급이 2개 종목 이상인 자 - 총점 150점 만점에 80점 미만·합격자의 취득점수를 최종선발 점수에 반영

구분	시험기준
면접 (330점)	• 품성, 가치관, 책임감, 국가·안보관, 학교생활, 자기소개서, 가정·성장환경, 지원동기, 용모·태도 등 평가 및 심리/인성검사 • 심층면접(30점) 및 종합판정(30점) • 적격자의 취득점수를 최종선발 점수에 반영

■ 신체검사

합/불을 가리는 데만 활용되며, 공군 공중근무자 신체검사 기준을 적용하여 타 사관학교와 달리 검사 지표가 매우 상세하다. 특히 눈에 대한 검사가 상세하다. 저시력자 중 신체검사를 통해 굴절교정술 수술적합자는 합격이 가능하지만, 사전 수술을 한 경우에는 평가에서 제외되어 불합격된다.

<표Ⅱ-52> 공군 공중근무자 신체검사 기준(안과)

- **시력**: 나안시력 0.5 미만, 교정시력 1.0 미만
- **굴절(조절마비 굴절검사)**: 어느 경선에서나 +2.00D 또는 -1.50D 초과,
  난시: 1.50D 초과 / 부동시: 2.00D 초과
- 경도 이상의 사위(외사위: 6PD 초과, 내사위: 10PD 초과, 수직사위: 1.5PD 초과) 모든 종류의 사시
  사시수술의 병력이 있는 경우 신검 당일 기준 수술 6개월 경과 후 판정 가능
- 색각 이상
- 입체시 이상
- 고안압증(22mmHg 이상)
- 망막: 망막박리, 변성, 반흔 등
- 각막: 각막염, 각막궤양, 진행성이거나 시력장애를 초래하는 모든 종류의 각막혼탁, 각막이영양증, 원추각막 등
- 합병증을 동반하는 첩모난생
- 굴절교정술의 병력
  〈지원자 연령이 '23. 1. 1. 기준 만 17세 이상, 만 21세 미만인 자〉
- 굴절교정술의 병력(라식, 라섹, 렌즈삽입술 등)
  〈제대군인지원에 관한 법률에 따라 입학연령이 연장된 자 중 2023. 1. 1. 기준 만 21세 이상, 만 24세 미만인 자〉
- 수술시기가 만 21세 이상인 자의 굴절교정술의 병력은 주요 불합격 사유에 해당하나, 의무기록[수술 전 굴절률, 수술기록지(수술날짜, 수술방법) 필수] 제출이 가능할 경우에 한하여 의무기록 검토를 통해 다음 조건을 모두 만족하면 불합격 조건에서 제외 가능
  1) 수술시기: 만 21세 이상
  2) 수술 전 굴절률: 어느 경선에서나 +0.50D 또는 -5.50D 이하, 3.00D 이하의 난시, 2.50D 이하의 부동시

- 안검하수: 안검연광반사거리 2mm 미만인 경우
- 콘택트렌즈 착용 금지: 소프트 렌즈(신검일 기준 최소 1개월 이상), 하드 렌즈, 드림렌즈(신검일 기준 최소 3개월 이상)
  → 렌즈착용으로 각막의 변형이 관찰되는 경우 굴절률 측정이 불가하여 불합격 처리됨

※ 굴절교정술 부적합 기준
  - 교정시력 1.0 미만
  - 굴절(조절마비 굴절검사): 어느 경선에서나 +0.50D 또는 -5.50D 초과
  - 난시: 3.00D 초과 / 부동시: 2.50D 초과

※ 공군 항공우주의료원을 제외한 외부기관의 검사결과는 인정되지 않음

<표Ⅱ-53> 신체검사 준비사항

- 안경(나안시력 1.0 미만 시 교정시력 1.0 이상 되는 안경), 선글라스(조절마비 검사 후 눈부심 방지) 지참
- 콘택트렌즈 착용 금지
  ※ 소프트렌즈: 신검일 기준 최소 1개월 이상 / 드림, 하드렌즈: 신검일 기준 최소 3개월 이상
- 신검 전날 20시 이후 금식
- 약물(영양제, 한약, 단백질 보충제 등 포함) 복용 금지(최소 2주 전 중단)
- 고막 확인 위한 귀지 제거(이비인후과에서 실시)
- 14시간 이상 소음 노출 금지
- 최근 5년간 요양급여내역서 제출(전 항목 표기, 일부내용 누락 시 신검불가)
  ※ 기간: 2017.8.16 ~ 2022.8.15
- 질환 및 과거력에 대해 관련 의무기록(병무용진단서 포함) 지참하여 소명 가능
- 원활한 신체검사를 위한 간편한 복장(체육복, 반소매/반바지, 머리끈 지참)
- 화장(마스카라, 속눈썹, 파운데이션 등) 금지

■ 체력검정

오래달리기 65점, 윗몸일으키기 45점, 팔굽혀펴기 40점으로 구분한다.

- 오래달리기는 남자 1,500m, 여자 1,200m로 기록에 따라 1급부터 15급까지 구분하며 불합격판정이 존재한다. 남자는 7분 32초 이상, 여자는 7분 30초 이상일 경우 불합격한다.
- 윗몸일으키기는 2분 동안 남자 35개 이하, 여자 20개 이하인 경우 15등급, 팔굽혀펴기는 2분 동안 남자 20개 이하, 여자 5개 이하인 경우 15등급을 부여한다.

<표Ⅱ-54> 공사 체력검정 종목별 배점기준(총점 150점)

종목 \ 등급		1	2	3	4	5	6	7	8	9	10	11	12	13	14	15	불합격
1,500m (남)		5'30" 이내	5'31" ~5'39"	5'40" ~5'48"	5'49" ~5'56"	5'57" ~6'04"	6'05" ~6'12"	6'13" ~6'20"	6'21" ~6'28"	6'29" ~6'36"	6'37" ~6'44"	6'45" ~6'52"	6'53" ~7'00"	7'01" ~7'08"	7'09" ~7'16"	7'17" ~7'31"	7'32" 이상
1,200m (여)		5'40" 이내	5'41" ~5'48"	5'49" ~5'56"	5'57" ~6'04"	6'05" ~6'12"	6'13" ~6'20"	6'21" ~6'28"	6'29" ~6'35"	6'36" ~6'42"	6'43" ~6'49"	6'50" ~6'56"	6'57" ~7'03"	7'04" ~7'10"	7'11" ~7'17"	7'18" ~7'29"	7'30" 이상
배점		65.0	62.5	60.0	57.5	55.0	53.0	51.0	49.0	47.0	45.0	42.5	40.0	37.5	35.0	32.5	
윗몸일으키기 (2분)	남	80회 이상	79~ 76	75~ 72	71~ 68	67~ 64	63~ 60	59~ 57	56~ 54	53~ 51	50~ 48	47~ 45	44~ 42	41~ 39	38~ 36	35 이하	-
	여	70회 이상	69~ 66	65~ 62	61~ 58	57~ 54	53~ 50	49~ 46	45~ 42	41~ 38	37~ 34	33~ 30	29~ 27	26~ 24	23~ 21	20 이하	-
배점		45.0	43.0	41.5	40.0	38.5	37.0	35.5	34.0	32.5	31.0	29.5	28.0	26.5	24.5	22.5	
팔굽혀펴기 (2분)	남	70회 이상	69~ 66	65~ 62	61~ 58	57~ 54	53~ 50	49~ 46	45~ 42	41~ 38	37~ 34	33~ 30	29~ 27	26~ 24	23~ 21	20 이하	-
	여	35회 이상	34~ 32	31~ 29	28~ 26	25~ 24	23~ 22	21~ 20	19~ 18	17~ 16	15~ 14	13~ 12	11~ 10	9~8	7~6	5 이하	-
배점		40.0	38.5	37.0	35.5	34.0	32.5	31.0	29.5	28.0	26.5	25.0	23.5	22.0	20.5	19.0	

* 3개 종목 중 15등급이 2개 종목 이상인 자는 불합격
* 총점 150점 만점에 취득점수가 80점 미만인 자도 불합격
* 각 종목별 1회씩 실시 기회가 부여
* 당일 검정 완료 원칙(단, 사전 진단서 제출 시 담당군의관 판단 후 일정 조정 가능)
* 윗몸일으키기, 팔굽혀펴기 미실시자는 해당 종목 0점 처리

<표Ⅱ-55> 공군사관학교 체력검정 실시방법

구 분	내 용
오래달리기 (남자 1,500m / 여자 1,200m)	• 400m 트랙 사용 • 출발신호와 함께 출발 • 결승선 통과 후 번호표 수령 • 안전사고 예방을 위해 결승선 통과 후 바로 정지하지 않고 트랙을 걷는다.
윗몸일으키기 (제한시간: 2분)	• 싯업(Sit-up) 보드 사용 • 무릎을 구부린 상태에서 양손을 어깨에 교차하여 올리고 윗몸을 일으키는 방식 • 윗몸을 일으켜 양 팔꿈치가 허벅지에 동시에 닿은 후, 내려갔을 때 양어깨가 완전히 싯업보드 바닥에 닿아야 1회로 인정
팔굽혀펴기 (제한시간: 2분)	• 30cm 보조대 사용 • 양발을 모아 발판에 고정 후, 머리부터 발뒤꿈치까지 일직선 유지 • 내려갈 때 상완(어깨부터 팔꿈치)이 지면과 수평, 올라왔을 때는 완전히 팔을 편 상태가 되어야 1회로 인정

■ 면접

2차 시험 면접 전 AI면접을 실시하며, AI면접 결과는 면접 참고자료로 활용한다.
면접은 1분과 4개 항목(품성, 가치관, 책임감, 국가/안보관)과 2분과 5개 항목(학교생활, 자소서, 가정/성장환경, 지원동기, 용모/태도)으로 총 9개 항목의 평가와 심리/인성검사를 실시한다. 면접 330점은 심층면접 300점과 종합판정 30점으로 세분화한다.
면접에 주어지는 주제들은 정규교육을 받은 고등학생이라면 수업시간 또는 일상 속에서 쉽게 접할 수 있고 주변 사람들과 이야기 나누어볼 수 있는 일반적인 내용이다.
제시되는 주제들은 지원자가 사회의 구성원으로서 다양한 사회적 이슈에 관심을 가지고 있는지, 모르는 주제라 할지라도 지원자가 민주시민으로서 기본적으로 갖추어야 할 소양을 지닌 주체로서 사고의 논리성, 가치관과 인성 등을 종합 평가하는 과정이다.

공군사관학교 생도들은 자기희생, 높은 자제력과 인내심, 리더십을 기르며 공군 장교가 되기 위한 수련을 한다. 이렇듯 4년간 끊임없이 자기 수련의 지표로 삼고 자기발전을 위해 노력하는 지표가 공사십훈(空士十訓)이다. 사관학교 면접을 위해서는 공사십훈을 살펴보고 본인에게 와 닿는 몇 가지 항목이라도 숙지하고 면접을 준비하는 것이 좋다.

<표 II-56> 공사십훈

01 용의단정(容儀端正)하라

생도는 항상 맑고 깨끗한 마음과 용모를 갖추어야 하고, 항상 주변을 정리정돈하고 청결한 환경을 유지하는 습관을 길러야한다.

02 청렴결백(淸廉潔白)하라

생도는 분수 이상의 것을 탐내지 않으며 정직하고 검소한 생활태도를 갖추어야 한다.

03 성심복종(誠心服從)하라

생도는 윗사람의 지도를 긍정적으로 받아들여 적극적으로 실천해야 하고 모든 일에 열과 성을 다하여야 한나.

04 책임완수(責任完遂)하라

생도는 자신이 속해 있는 전체와 자신의 언행에 스스로 책임을 져야 하며, 아랫사람에 대해 윗사람으로서 책임을 져야 한다.

05 신의일관(信義一貫)하라

생도는 모든 사람을 대함에 있어 신의를 제일로 해야 하고 일이 크고 작음을 막론하고 모든 약속을 철저히 이행해야 한다.

06 공평무사(公平無私)하라

생도는 모든 일을 처리함에 있어 공명정대한 입장을 취해야 하고, 옳고 그름을 사실 그대로 판단해야 한다.

07 침착과감(沈着果敢)하라

생도는 어떠한 상황 속에서도 이성을 잃지 않고 신중하게 대처하여야 하며, 실천할 때 주저함이 없이 과감히 행해야 한다.

08 신상필벌(信賞必罰)하라

생도는 타의 모범이 되는 선행에 대해 찬사를 아끼지 않아야 하고, 잘못된 행위에 대해서는 지적을 하여 시정케 해야 한다.

09 솔선수범(率先垂範)하라

생도는 힘든 일일수록 내가 먼저 한다는 희생정신을 가져야 하고, 다른 사람보다 자기가 먼저 질서와 규정을 준수하고 실천해야 한다.

10 은위겸비(恩威兼備)하라

생도는 다른 사람의 과실에 대하여 아량과 관용을 베풀 줄 알아야 하고, 다른 사람을 대함에 있어 기품과 위엄을 잃지 않아야 한다.

<표II-57> 공군사관학교 2차 시험 합격사례

<table>
<tr><td rowspan="4">2차 시험 절차</td><td>[1일차] - 신체검사</td></tr>
<tr><td>• 아침 7:30까지 공군사관학교 면회실에 집합
• 출석확인 후 버스로 신체검사 장소로 이동
• 이동 중 학교 내 촬영 금지 안내
• 인성검사 문진표 작성 중간중간 신체검사 실시
• 굴절도 검사 등 눈 관련된 검사만 10개 가까이 함.
• 제출된 병력기록서 바탕으로 군의관과 문진 면담
(예: 수술한 경험이나 관절에 이상이 있는가? 아토피는 심한가? 등)
• 수술한 경험이 있거나, 관절에 이상이 있는 학생들의 경우 재검 통보
오후 4시~5시 사이 신체검사 종료 후 5시 신체검사 통과여부 발표
(합격, PRK 조건부 재검, PRK 조건부 합격, 불합격)
* PRK 조건부 합격 - PRK 수술이 가능한 눈이기 때문에 PRK 수술한다는 조건하에 합격
* PRK 조건부 재검 - PRK 수술이 가능한 눈이나, 다른 신체적 결함이 발견되어 담당 의사의 소견서나 진단서가 필요한 경우, 또는 신체검사 중 특별한 이상이 있어서 밖에 나가서 외부 병원에서 진단서를 끊어야 하는 경우
• 탈락생 대부분은 눈 때문에 탈락함(대략 30~50% 정도 탈락함)
• 통과자 기숙사 이동(탈락자 귀가)</td></tr>
<tr><td>[2일차] - 체력, 면접</td></tr>
<tr><td>• 오전 6:30 기상
• 7:10~7:55 체력 검정장에 가서 준비함(아침식사 후 곧바로 체력검사를 하여 배가 아플 듯하여 전날 준 간식만 먹음).
• 8:00 체력검사 시작: 첫 종목으로 팔굽혀펴기를 함. 받침대에 스펀지가 있어 조금만 구부려도 카운트가 됨.
• 5분 정도 휴식 후 윗몸일으키기 진행: 윗몸일으키기는 어깨에 손을 올리고 무릎이 아닌 허벅지에 팔꿈치가 닿으면 인정. 어깨에 손이 계속 붙어 있어야 함.
• 8:40 오래달리기: 남자 18명이 함께 뜀. 함께 뛰다 보니 평소 연습 때 보다 오버페이스를 하게 됨. 다른 수험생이 빨리 뛴다고 조바심 내지 말고 평소 연습대로 자신의 페이스를 지키는 것이 중요해 보임. 뛰는 중간 토하는 수험생도 있었음(아침 식사를 조금 하는 것을 추천). 뛰는 레일이 푹신푹신하여 더 체력 소모가 컸음.
• 9:30 씻고 면접 복장으로 갈아입고 이동: 면접은 1조와 2조로 나뉘어서 분과별로 진행.
• 〈1분과 면접〉
• 〈2분과 면접〉</td></tr>
</table>

표 이어서 ▸

[1분과 면접]

질문 및 답변 내용

Q: 좋아하는 운동 있어요?
A: 축구와 수영을 좋아합니다.

Q: 자기소개 및 지원동기 말해주세요.
A: (준비한 대로 말했음.)

Q: 본인이 생각하는 리더에게 필요한 자질은?
A: 공동체를 잘 융합시키고 구성원의 능력을 펼치도록 도와주는 사람이라고 생각합니다.

Q: 우리나라의 주적은 어디입니까?
A: 북한입니다.

Q: 그렇다면 우리나라의 잠재적 주적은 어디입니까?
A: 중국이나 일본, 러시아와 같은 국가입니다.

Q: 일본이 왜 잠재적 주적입니까?
A: 군사적 위험보다는 경제적으로 우리나라를 위협에 빠트릴 수 있고, 독도 문제 등의 영토 문제도 해결되지 않기 때문에 잠재적 주적이라고 생각합니다.

Q: 북한, 중국, 미국, 러시아, 일본 중 우리나라에 위협이 되는 순서대로 말해보세요.
A: 북한 > 일본 > 중국 > 러시아 > 미국순이라고 생각합니다.

Q: 한미동맹이 필요하다고 생각하나요?
A: 한반도의 평화 유지를 위해 필요하다고 생각합니다. 평화를 바탕으로 경제성장도 할 수 있어 한미동맹은 필요하다고 생각합니다.

Q: 미국은 우리나라의 통일을 지지할까요?
A: 지지할 것이라고 생각합니다. 왜냐하면 평화는 경제적 발전을 동반할 것이고, 동맹국의 명화 유지는 미국의 경제적 이익에도 도움이 될 수 있어 지지할 것이라고 생각합니다.

Q: 남북통일이 돼도 한미동맹은 필요하다고 생각하나요?
A: 필요하다고 생각합니다. 한반도 주변에는 북한 이외에도 중국, 일본 등 잠재적 주적이 있기 때문에 여전히 굳건한 한미동맹은 필요하다고 생각합니다.

표 이어서 ▶

질문 및 답변 내용	[1분과 면접] Q: 본인이 접했던 사관학교 관련 언론 기사 중 가장 기억에 남는 기사는? A: 공군 파일럿이 민항으로 빠지는 경우가 많다고 들었습니다. 끝까지 군에 남아 헌신하지 않고 경제적인 면을 찾아 민항으로 빠지는 것이 안타까웠습니다. Q: 그분들은 그만큼 군에 헌신하여 기간을 채웠기 때문에 나가는 것인데, 그게 잘못한 행동인가요? A: 물론 오랜 기간 국가에 헌신한 것은 존중합니다. 하지만 저는 국가를 위해 헌신하는 것은 끝까지 해야 한다고 생각합니다. 또, 이를 위해서는 국가가 그들을 위해 그만한 처우를 해주는 것도 필요하다고 생각합니다. [2분과 면접] Q: 공사에 지원한 동기가 무엇인가요?(1분과 중복 질문) A: 공군사관학교 설명회에서 공군사관학교의 명예, 헌신, 자부심에 큰 감명을 받아 꿈을 키우게 되었습니다. Q: 생기부에는 진로희망이 공군사관학교로 되어 있지 않은데, 갑자기 꿈이 바뀐 것인가요? A: 공군사관학교에 대한 정보를 접하기 전까지는 막연한 공학자를 꿈꿨습니다. 하지만 공사 설명회 영상에 나오는 '하늘을 향한 도전', '조국을 위한 헌신', '배우고 익혀서 몸과 마음을 조국과 하늘에 바친다'라는 문구를 보는 순간 전율을 느꼈습니다. 이후 공군사관학교를 진로 목표로 삼게 되었습니다. Q: 만약 조종사가 되지 않는다면 어떤 일을 하고 싶은가요? A: 조종사가 되고 싶지만, 만약에 못 된다면 비행기를 만드는 공학자가 되어 안전하고 성능이 우수한 비행기를 만들고 싶습니다. Q: 봉사활동 중 가장 기억에 남는 활동은? A: (어떻게 답변했는지 기억이 나지 않음). Q: 학교 활동 중 가장 인상 깊었던 활동은? A: 학교 공간 재구성팀에 들어가서 학교의 남는 공간 활용에 대해 논의하여 활동한 일이 기억에 남습니다. 복도 밖 테라스를 옥상 정원으로 가꾸어 학생들이 휴식을 취하고 체험을 할 수 있는 공간으로 만드는 활동이었습니다. Q: 그 활동에서 어려운 점은 없었나요? 또, 본인은 어떤 역할을 했나요? A: 함께 참가한 학생들이 나무를 심고, 물건을 나르고, 청소하고, 가꾸는 등의 역할 분담을 하여 진행할 수 있도록 했습니다. 이 과정에서 배정해준 역할에 반발했던 친구와, 정해진 본인의 활동 시간에 참여하지 않는 친구가 있었습니다. 그래서 팀원 전체가 다시 모여 역할과 시간을 다시 파악하여 조정함으로써 해결했습니다.

표 이어서 ▶

질문 및 답변 내용	[1분과 면접]
	Q: 만약 동기 생도가 부정행위를 하는 모습을 목격한다면 어떻게 할 것입니까? A: 공사십훈 중에 '신상필벌'이 있습니다. 모범이 되는 선행에 대해서는 찬사를 아끼지 않아야 하지만, 잘못된 행위에 대해서는 지적하여 시정케 해야 하는 것이 공사 생도의 자세라고 생각합니다. Q: 군대 자체는 위계 서열이 있는데, 만약 상관이 부당한 명령을 한다면 어떻게 할 것인가요? A: 공사십훈 중에 '성심복종'이 있습니다. 상관의 명령은 당장 내 생각에는 부당해 보일지 몰라도 그 속에 다른 깊은 뜻이 있을 수 있다고 생각하고, 우선 따르는 것이 맞다고 생각합니다. Q: 부모님과 갈등을 겪은 적이 있나요? A: (사적인 답변).
	하고 싶은 말
	• 1분과에서는 주로 시사, 안보관 등을 묻는데, 사드문제 같은 예민한 사안은 묻지 않았습니다. 1분과와 2분과의 문제 차이가 크게 나는 것 같지는 않았습니다. • 눈 때문에 걱정되는 학생들은 공사에 문의하면 공사 지정 안과가 있습니다. 가서 PRK 검사 받아보세요. 1시간 정도 검사하면 적합한지 알려줍니다. • 팔굽혀펴기, 윗몸일으키기, 오래달리기를 꼭 한 번에 모두 하는 연습을 꼭 해주세요. 연습은 별도로 하지만, 실제 시험은 함께하기 때문에 생각보다 힘들었습니다. • 공사십훈 외워가세요. 외워가서 면접 중간중간에 쓰면 좋아하십니다. • 자기소개 및 지원동기 반드시 준비해가세요. • 군인 될 사람을 선발하는 것이니 내용에 자신 없어도 자신 있는 태도로 당당히 말하는 것이 중요할 것 같습니다.

3) 학생부 반영

학생부 과목 반영법은 계열 구분 없이 석차등급이 산출되는 전 이수과목을 반영한다. 2022학년도까지는 국어, 영어, 수학은 공통이고 탐구는 계열별로 인문-사회, 자연-과학 교과만 반영했었다. 그러나 올해는 계열 구분 없이 등급이 산출되는 전체 이수과목을 반영한다. 단 진로선택과목은 미반영한다.

<표Ⅱ-58> 공사 학생부 성적 반영 방식

등 급	1	2	3	4	5	6	7	8	9
점 수	100	97	94	91	88	85	82	79	76

영재고/특성화고/마이스터고 졸업자, 검정고시 합격자, 외국 고교 1년 이상 수학자는 1차 시험 성적을 기준으로 비교내신을 적용해 반영한다.

4) 종합선발

종합선발은 우선선발에서 선발되지 못한 인원을 대상으로 수능 성적을 반영해 종합성적 서열순으로 선발한다. 선발인원은 46명으로 정원의 20%선이다.

일반선발과 달리 1차 시험 성적이 반영되지 않고, 대신 수능 성적이 반영된다. 수능은 국어와 수학은 120점씩, 영어는 80점, 탐구는 70점, 한국사 10점을 반영한다.

국어와 수학의 경우 해당 과목 표준점수를 해당 과목 전국 최고 표준점수로 나눠 120을 곱한 값을 반영한다. 탐구는 해당 과목 표준점수를 해당과목 전국 최고 표준점수로 나눈 뒤 35를 곱한 값을 반영한다. 반면 영어와 한국사의 경우 등급별로 차등 배점한다. 수능 계열별 선택과목은 인문의 경우 수학에서 확통/미적/기하 중 택 1, 탐구에서 사회/과학 중 택 2이다. 반면 자연은 수학이 미적/기하 중 택 1, 과학 중 택 2이다. 이때 수능 응시계열이 최초 지원계열과 일치하지 않는 경우 선발 대상에서 제외한다. 예를 들어 자연계 지원자가 수능수학 확통에 응시하거나 사탐에 응시하는 경우에는 불합격 처리된다.

<표Ⅱ-59> 공군사관학교 종합선발 성적 배점

구 분	수능성적	2차 시험			한국사능력 검정시험	합계
		신체검사	체력검정	면접		
점 수	400점	합/불	150점	450점	-	1,000점

다. 육군사관학교

2024학년도 육군사관학교 지원서 접수는 2023년 6월 16일(금)~6월 26일(월)로 4개 사관학교가 모두 동일하다. 역시 원서 접수 시 지원동기서를 함께 제출해야 한다.

1차 시험은 4개 사관학교 공통으로 7월 29일(토)에 실시된다.

1차 시험은 원서 접수 시 15개 시험장 중에서 고를 수 있다. 시험장은 다음과 같다.

<표Ⅱ-60> 2024학년도 육군사관학교 1차 시험 시험장(전국 9개 지역 15개 고사장)

지 역	서울	경기	강원	충청	전남	전북	경북	경남	제주
고사장	육사 공릉중 목운중 자양중 불광중	동서울대, 안양공고, 인천계산공고	강릉 강릉고	대전 충남고	광주 광주공고	익산 이리고	대구 과학기술고	부산 동인고	제주 제일고

1) 모집 인원

2024학년도 육군사관학교 모집인원은 지난해와 동일하게 330명이다. 남자 288명(87.3%), 여자 42명(12.7%)을 모집한다.

계열별 비율을 보면 남자는 288명 중 인문과 자연을 각각 45%/50%씩 모집하며, 여자는 42명 중 인문(25명) 60%, 자연(17명) 40%의 비율로 선발한다.

육사 선발 전형은 타 사관학교와 같이 일반전형과 특별전형으로 구분된다.

일반전형에서는 우선선발과 종합선발로 구분이 되는데, 우선선발은 다시 고등학교학교장추천전형과 적성우수전형으로 구분이 된다.

학교장추천의 경우 학교별로 졸업생 포함 5명의 추천이 가능하다. 학교장추천으로 지원한 수험생의 경우, 선발되지 않으면 적성우수선발 대상이 되고, 또 선발되지 않으면 종합선발 대상이 되어, 실질적으로 3번의 기회가 주어지게 되어 수험생에게 매우 유리한 전형이다.

전형별 모집인원은 일반전형의 우선선발에서 고교학교장추천과 적성우수를 통해 각 98명(30%)씩 모집한다. 종합선발 모집인원은 116명(35%) 내외다. 특별전형인 독립유공자 손자녀 및 국가유공자 자녀, 고른기회(농어촌학생/기초생활수급자/차상위계층)는 총 18명 이내로 모집하며, 정원 외인 재외국민자녀는 성별과 계열 구분 없이 5명 이내로 모집한다.

<표Ⅱ-61> 육군사관학교 전형별 모집인원(2024학년도)

구 분			계		남자 (288명)		여자 (42명)	
					인문계열 (45%)	자연계열 (55%)	인문계열 (60%)	자연계열 (40%)
계			330명		130명	158명	25명	17명
일반 전형	우선 선발	고등학교 학교장 추천(35% 이내)	230명	115명	46	56	8	5
		적성 우수 (35% 이내)		115명	46	56	8	5
	종합선발(25% 내외)		82명 내외		32	40	6	4
특별 전형	독립유공자 손자녀 및 국가유공자 자녀		18명 이내 (정원 5% 내외)		2	2	1	1
	고른 기회	농어촌 학생			2	2	1	1
		기초생활수급자 및 차상위계층			2	2	1	1
	재외국민자녀		5명 이내		성 계열 미구분			

- 특별전형은 합격자 없을 시 선발하지 아니하며, 특별전형 미충원 시 종합선발 인원으로 전환
- 우선선발 합격자 중 결원 발생 시(신체검사 불합격, 입학포기 등) 종합선발 인원으로 대체함
- 최초 지원서 접수 시 〈재외국민자녀(특별전형)〉를 제외하고는 모두 〈일반·특별전형〉으로 지원하였다가, 1차 시험 합격 후 일반전형 또는 특별전형(독립유공자 손자녀 및 국가유공자 자녀, 고른기회)으로 분류(중복지원 불가)
- 특별전형 지원자는 공통서류 이외에 특별전형 자격요건에 맞는 서류를 추가 제출하여야 함
- 지원서 접수는 인문계열과 자연계열로 구분하여 지원함. 대학수학능력시험은 지원 계열과 동일한 계열로 응시(수학 및 탐구)해야 하며, 동일 계열이 아닐 경우 불합격 처리(자연계열 해당)

2) 전형 방법

육군사관학교 전형 방법은 체력검정의 종목이 4개로 늘어나고, 종합전형의 모집인원이 감소한 점 외에는 2023학년도와 대부분 동일하다.
전형별로 특징을 살펴보면 다음과 같다.

* 우선선발의 고교학교장추천전형

학교당 5명까지 추천 가능하다. 모집인원은 115명(35%)로 2023학년도 대비 17명(5%) 증가했으며, 1차 시험이 점수화되지 않고 합/불 처리된다는 점이 특징이다. 면접 64%(640점)+체력검정 16%(160점)+내신 20%(200점)로 배점하며, 면접의 비중이 가장 높다. 1차 시험에는 통과하였으나 선발되지 않은 인원은 불합격이 아니고 적성우수선발 대상이 된다. 또한 적성우수선발에서도 선발되지 않은 지원자는 종합선발의 대상이 되므로, 세 번의 기회가 주어지는 것이다.

① 우선선발의 적성우수 우선선발전형

모집인원은 115명(35%)로 2023학년도 대비 17명(5%) 증가했으며, 고교학교장추천에서 불합격한 수험생과 고교학교장추천을 받지 못하고 지원한 수험생 중 1차 시험 합격자를 대상으로 선발한다. 배점은 1차 시험 30%(300점)+면접 50%(500점)+체력검정 10%(100점)+내신 10%(100점)다. 학교장추천전형보다는 비중이 낮으나 여전히 면접의 비중이 가장 높으며, 신체검사는 합/불을 가리는 역할만 한다. 여기에서 선발되지 않은 지원자 중 2차 시험 합격자는 종합선발 대상이 된다.

② 종합선발

모집인원은 82명 내외(25%)로, 2023학년도 대비 34명(10%) 감소하였으며, 우선선발에서 선발되지 않은 지원자 중 2차 시험 통과자를 대상으로 수능 성적을 반영하여 선발한다. 배점은 1차 시험 5%+면접 20%+체력검정 5%+내신 10%+수능 60%로 수능의 영향력이 절대적이다.

③ 특별전형

자격이 된다면 특별전형으로 지원하는 것이 유리할 수 있다. 특별전형으로는 고른기회전형의 농어촌학생, 기초생활수급자 및 차상위계층은 전형과 독립유공자 손자녀 및 국가유공자 자녀전형의 선발 방법은 동일하다.

1차 시험 30%(300점)+면접 50%(500점)+체력검정 10%(100점)+내신 10%(100점)로 선발한다. 여기에서 선발되지 않은 인원은 적성우수 선발 대상이 된다.

정원 외로 선발하는 재외국민자녀 특별전형은 5명 이내로 선발한다.

면접 83%(500점)+체력검정 17%(100점)으로만 우선선발 합격자를 정하고, 여기서 선발되지 않은 지원자는 다른 특별전형과 동일하게 적성우수선발 대상이 된다.

<표II-62> 육군사관학교 전형별 선발 방법 및 배점(2024학년도)

구분			계	배점							비고
				계	1차 시험	2차 시험			내신	수능	
						신체검사	면접	체력검정			
일반전형	우선선발	학교장 추천 (학교당 5명)	115명 (35%)	1000	합불	합불	640	160	200	-	미선발인원은 적성 우수 선발 대상
		적성 우수	115명 (35%)	1000	300	합불	500	100	100	-	미선발인원 중 2차 시험 합격자는 종합선발 대상
	종합선발		82명 내외 (35%)	1000	50	합불	200	50	100	600	수능포함
특별전형	고른기회	농어촌 학생	18명 이내 (5% 내외)	1000	300	합불	500	100	100	-	선발되지 않은 인원은 적성 우수 선발 대상이 됨. 적성 우수에 선발되지 않은 인원 중 2차 시험 합격자는 종합선발대상이 됨. (단, 재외국민 자녀의 경우 남 5배수, 여 8배수 이내 인원에게만 기회부여)
		기초생활 수급자 및 차상위 계층									
	독립유공자 손자녀 및 국가유공자 자녀										
	재외국민 자녀		5명 이내	600	합불	합불	500	100	-	-	

PART 2 사관학교 지원전략

3) 2차 시험

1차 시험 최초 합격자는 8월 19일(금)까지, 추가합격자는 추가합격자 발표일+1일 13:00까지 2차 시험 인터넷 지원 접수 및 신원조회 제출을 해야 한다. 우편접수 서류 제출은 8월 26일(금) 소인까지 유효하다. 인터넷 지원 접수(2차 시험 일자 선택 등), 인터넷 신원조회 제출(신원조회 서류 작성 및 제출), 인터넷 지원접수(2차 시험 일자 선택 등), 인터넷 신원조회 제출(신원조회 서류 작성 및 제출), 우편접수 서류 제출까지 총 3가지를 정해진 기한 내에 모두 접수 또는 제출해야 2차 시험 접수가 완료된다. 구비 서류의 종류 및 수량 등은 육군사관학교 홈페이지에 게시되어 있다.

2차 시험은 1일차 체력검정, 2일차 면접 및 신체검사체 등 1박 2일로 진행한다.

시험기간은 2023. 9. 4.(월)~10. 31.(화) 중 실시되며, 장소는 육군사관학교에서 진행한다.

구 분	1일차	2일차	
오 전	등록, 채혈, 체력검정	면접시험(A조)	신체검사(B조)
오 후	면접시험 준비	면접시험(B조)	신체검사(A조)

① 신체검사

신체검사는 신체등위(신장/체중)와 장교 선발 및 입영기준 신체검사로 구분된다.

합/불을 결정하는 데만 활용되는데, 신체등위(신장/체중) 3급인 경우 2차 시험 최종심의 위원회에서 합/불을 결정하고, 신체등위 4급 이하인 경우 불합격된다.

<육군규정 161 건강관리 규정('21.6.21) 별표 10 "신장·체중에 따른 신체등위">

※ 신체등위 기준(BMI, Body Mass Index, 체질량지수 기준)

[남자]

단위: BMI(kg/m^2)

등급 신장(cm)	1급	2급	3급	4급
161미만	-	-	17이상~33미만	17미만 33이상
161이상	20이상 ~ 25미만	18.5이상~20미만 25이상 ~ 30미만	17이상~18.5미만 30이상~33미만	17미만 33이상

[여자]

단위: BMI(kg/m²)

등급 신장(cm)	1급	2급	3급	4급
155미만	-	-	17이상~33미만	17미만 33이상
155이상	20이상~25미만	18.5이상~20미만 25이상~30미만	17이상~18.5미만 30이상~33미만	17미만 33이상

* 신장(cm)과 체중(kg) 측정값은 소수점 첫째 자리까지 포함, 산출된 BMI 지수는 소수점 첫째자리까지 포함하고 둘째 자리 이하는 버림

* BMI 산출 예: 남자 신장 175.5cm, 체중 70.2kg일 때, BMI = 70.2kg / (1.755m)^2 = 22.7920 = 22.7

신체검사는 장교 선발 및 입영기준 신체검사 기준표에서 하나라도 4급 또는 5급인 경우 불합격된다. 주요 불합격 기준은 다음과 같다.

<표Ⅱ-63> 육군사관학교 신체검사 주요 불합격 기준

구분	결함내용
내과	• 저혈압(수축기 혈압이 81mmHg 미만 또는 이완기 혈압이 51mmHg 미만일 때) • 고혈압(항고혈압제 치료에도 불구하고 평균 이완기 혈압이 120mmHg 이상일 때 등) ※ 24시간 혈압측정 검사 결과가 있을시 낮동안 측정한 혈압의 12회 이상의 평균치로 판정 • 만성심부전(원인에 관계없이 불합격) • 당뇨병
피부과	• 아토피성 피부질환 또는 이에 준한 재발성 피부염(체표면의 20% 이상인 경우) • 건선(중증도 이상) • 취한증(1m 앞에서 불쾌한 냄새가 나는 경우, 난치성인 경우) • 수장족저 다한증(주먹을 쥐었을 때 2분 이내에 땀이 떨어지는 경우) • 문신 또는 자해로 인한 반흔이 신체 한 부위의 지름이 7cm를 초과한 경우 또는 합계면적이 30cm² 이상인 경우 또는 고도(상지, 하지, 체간 및 배부 전체에 걸쳐져 있는 상태)인 경우 또는 경도의 문신이더라도 혐오감 및 위화감을 조성하는 내용이거나(성적 표현, 욕설, 테러단체 옹호 문구 등), 얼굴, 목 등 군 간부 품위를 손상하는 신체부위일 경우
비뇨기과	• 만성 신우신염, 신결손, 비뇨생식기계 결핵
외과	• 소장, 대장 수술을 받은 경우 ※ 이 외 위장관계 수술을 받은 경우는 수술범위와 합병증에 따라 판정 • 화상(2도 또는 3도 화상으로 전체 피부면적의 10% 이상인 경우)
정형외과	• 슬관절 및 족관질의 기능장애가 있는 경우 • 편평족(변형이 있거나 동통이 있는 경우 등) • 척추측만증(코브스씨 측정법으로 골변형 동반이 확인된 경우로 20도 이상) • 척추 전방 전위증

표 이어서 ▸

구분	결함내용
신경외과	• 수핵탈출증, 뇌수술 경력
흉부외과	• 흉곽기형(외관상 불균형이 뚜렷한 경우, 수술을 받은 경우, 심폐기능 장애 시) • 기흉(재발 후 수술 미실시자, 재발 후 수술자는 수술 후 상태에 따라 등급 부여)
안과	• 근시: 굴절도 -9.0D 이상 • 원시: 굴절도 +4.0D 이상 • 난시: 수평수직 굴절률 차이 4.0D 이상 • 부동시: 양안의 곡광도 차이가 4.0D 초과 • 시력장애: 시력이 좋지 않은 눈 시력이 0.6 미만(최대 교정시력으로 판정) • 수평사위: 20프리즘 이상 • 수평사시: 10프리즘 이상 • 수직사시: 6프리즘 이상(수직사위는 사시에 준함) • 인공수정체안
이비인후과	• 선천성 외이 기형 • 비중격 천공, 위축성 비염 • 부비동염(비용을 동반한 경우)
산부인과	• 자궁 및 자궁 부속기의 종양(악성) • 자궁내막증(경증 또는 치료 후 증상의 호전이 뚜렷한 경우 제외)
치과	• 부정교합(중등도, 고도)· 전치부결손(치조골 결손이 포함된 경우) • 치아의 저작기능 평가: 각 치아의 기능별 치아의 점수는 상악 4전치 각 1점, 하악 4전치 각 1점, 견치 각 5점, 소구치 각 3점, 대구치(지치 제외)는 각 6점으로 하여 전 치아의 기능점수 총계 100점을 만점으로 하여 평가 • 습관성 탈구
정신건강의학과	• 주요 우울장애

* 위 불합격 기준은 주요사항만 요약한 일부로서, 신체검사 합 불 여부는 담당군의관이 〈육군규정 161 건강관리 규정(2021.6.21)〉중 장교 선발 및 입영을 위한 신체검사 기준을 적용하여 최종 판단함.

② 체력검정

체력검정의 평가 종목은 2024학년도부터 기존 3개 종목(오래달리기, 윗몸일으키기, 팔굽혀펴기)의 3개 종목에서, 5개 종목(상대악력, 교차윗몸일으키기, 20m왕복오래달리기, 10m왕복달리기, 제자리멀리뛰기)으로 변경되었다.

이 중 20m왕복오래달리기에만 불합격 기준(남자 40 이하, 여자 18 이하는 불합격)이 적용된다. 또한, 20m왕복오래달리기에서 7.50점 이하 점수 획득 시 우선선발 대상자에서 제외된다.

<표Ⅱ-64> 육군사관학교 체력검정 점수표

점수	상대악력 (%)		교차윗몸일으키기 (회/1분)		20m왕복 오래달리기(회)		10m왕복 달리기(초)		제자리 멀리뛰기(cm)	
	남	여	남	여	남	여	남	여	남	여
10	74.1	57.1	68	55	83	57	9.9	11.1	261	201
9.75	72.9	56.0	67	53	81	55	9.2	11.3	258	197
9.50	71.6	54.9	65	51	78	53	9.3	11.4	254	194
9.25	70.4	53.9	64	50	76	51	9.5	11.6	251	190
9.00	69.1	52.8	62	48	74	49	9.6	11.7	247	186
8.75	67.9	51.8	61	46	72	46	9.7	11.9	244	183
8.50	66.7	50.7	59	44	69	44	9.8	12.0	240	179
8.25	65.4	49.6	58	43	67	42	9.9	12.2	237	175
8.00	64.2	48.6	56	41	65	40	10.0	12.3	233	172
7.75	63.0	47.5	55	39	62	38	10.2	12.5	230	168
7.50	61.7	46.4	54	37	60	36	10.3	12.6	226	164
7.25	60.5	45.4	52	35	58	34	10.4	12.8	223	161
7.00	59.2	44.3	51	34	55	32	10.5	12.9	219	157
6.75	58.0	43.3	49	32	53	30	10.6	13.1	216	153
6.50	56.8	42.2	48	30	51	2	10.7	13.2	212	150
6.25	55.5	41.1	46	28	49	25	10.9	13.4	209	146
6.00	54.3	40.1	45	27	46	23	11.0	13.5	205	142
5.75	53.0	39.0	43	25	44	21	11.1	13.7	202	139
5.50	51.8	38.0	42	23	41	19	11.2	13.8	198	135
5.25	51.7 이하	37.9 이하	41 이하	22 이하	40 이하	18 이하	11.3 이상	13.9 이상	197 이하	134 이하

체력검정 불합격 기준　　우선선발에서 제외 (과락)

측정 간 개인의 부주의로 인해 발생한 상황에 대해서는 재측정을 실시하지 않으므로, 충분한 연습이 필요하다.
우선선발, 종합선발, 특별전형 시 체력검정 전 종목 만점자에게는 총점에서 가산점 1점이 부여된다.

③ 면접시험[1]

육군사관학교 생도선발 2차 시험(면접)은 1차 시험(필기)에 합격한 모든 지원자를 대상으로 실시한다. 지원자의 학습능력을 평가하는 1차 시험과는 달리, 구술시험은 지원자에게 전문적인 지식이나 설명을 요구하지 않는다. 다만 지원자의 논리적인 사고력과 효율적인 의사소통능력을 평가하며, 장차 국가의 안보를 책임지는 장교에 부합하는 인성과 자유민주주의 국가의 시민으로서 기본적인 소양을 갖추고 있는지에 대해 평가한다.
과거 2차 시험은 집단토론과 구술면접으로 구성되었으나, 코로나19로 인하여 2021학년도부터 집단토론 형식의 면접은 시행하지 않고 평가내용(찬 · 반 논리질의 등)만 구술시험에 통합하여 면접을 진행하고 있다.
면접은 AI역량검사, 구술면접, 학교생활, 자기소개, 외적자세, 심리검사, 종합판정 등 총 7개 분야 면접이 실시된다.
이중 AI역량검사 결과는 일부 면접분야에서 참고자료로 활용될 수 있다.

구술면접은 지원자의 역사관 · 국가관 · 안보관 · 대적관 · 동맹관 등에 관한 지문을 읽고 구술을 통해 지원자의 의견을 들어보는 형태로 진행된다. 지원자들이 지문을 읽고 요약한 내용을 면접관이 듣고 이에 직접적으로 관련된 질문 혹은 연관된 내용까지도 질문할 수 있다. 그러나 제시되는 지문 및 질문들은 사전 학습이나 선지식이 필요한 내용이 아니라, 지원자가 성장과정을 통해 자연스럽게 습득할 수 있는 가치관을 묻는 내용이 대부분이다. 만약 지문 및 질문에 대한 내용을 모른다 하더라도 답변을 전개해나가는 과정에서의 논리성을 판단하여 평가한다.

1 참고: 2022학년도 육군사관학교 선행학습영향평가 보고서

<표Ⅱ-65> 육군사관학교 구술면접 평가 방식

<table>
<tr><th>구분</th><th colspan="2">구술면접</th></tr>
<tr><td>시간</td><td colspan="2">15분: 준비 10분+구술 5분</td></tr>
<tr><td>면접내용</td><td colspan="2">역사관·국가관·안보관·대적관·동맹관 등에 관한 이슈</td></tr>
<tr><td rowspan="4">평가요소</td><td>국가관</td><td>• 올바른 국가관, 역사관, 안보관, 대적관, 동맹관
• 추구하는 가치에 대한 신념화 정도</td></tr>
<tr><td>표현력/논리성</td><td>• 적절하고 풍부한 어휘 사용, 문장의 완전성, 문법적 오류
• 말하고자 하는 핵심을 명확하고 간결하게 표현
• 자기주장의 설득력과 논리성 정도</td></tr>
<tr><td>주도성/자신감</td><td>• 표현의 자신감과 유창성 정도
• 질의응답간 적극적/능동적 태도</td></tr>
<tr><td>이해력/포용력</td><td>• 질문을 경청하고 핵심내용을 잘 이해하는 정도
• 다른 의견을 존중하고 자기 의견을 차분하게 표현</td></tr>
<tr><td>진행방식</td><td colspan="2">대상 / 구성: 개별 / 개별 면접
방식 / 평가: 질의응답(약 4~5질문) / 면접관들의 독립적 평가</td></tr>
<tr><td>선행학습
영향평가</td><td colspan="2">사회적 전반에 걸쳐 국민들에게 인식되고 있는 문제들 중 구체적인 사례를 제시하며 이해하기 쉽게 질문 내지는 요약문을 제시하고 있음. 따라서 안건에 대한 선지식보다는 평소의 그 문제들에 대한 자신의 생각을 논리적으로 개진하고, 면접대상자들 상호 간 또는 면접관들과의 의사소통 능력, 그 과정에서 보이는 공감능력, 가치관 전반에 걸친 요소들을 평가함. 따라서 선행학습 없이 충분히 진행할 수 있는 시험 단계로 판단됨.</td></tr>
</table>

[구술면접 문제 예시]

다음에 주어진 지문을 읽고, 지문의 의견을 요약하고 지문의 의견에 대한 지원자의 의견을 간략히 설명하시오.

2021년 전 세계는 코로나19 팬데믹으로 인해 보건·의료 분야의 위기, 더 나아가 정치·경제·사회적 위기를 경험하고 있다. 포괄적 안보개념에 따라 정부가 국가적 위협에 준비하고 대응하더라도 (……) 이러한 상황에서 군의 역할을 더 확대하기 위한 노력이 필요한데, 중요하다고 생각되는 몇 가지 사항을 제안한다.

- 주요 평가 요소
  - 지원자가 지문의 의견을 이해하고, 자신의 의견을 얼마나 논리적이고 이해하기 쉽게 설명하는지에 대한 평가
  - 평화유지와 국가수호라는 국군의 임무에 대해 어떻게 생각하고 있는가를 묻고, 민주시민이자 정예 육군 장교로의 성장을 저해할 수 있는 치우치거나 편협한 가치관을 가지고 있지는 않은지를 주의 깊게 관찰 및 평가
  - 면접관이 제시하는 돌발의견에 얼마나 능동적이며 지혜롭게 자신의 논리로 대응하는가에 대한 평가

아울러 구술면접 과정에서 사회적으로 회자되고 여러 가지 담론을 형성하고 있는 문제에 관하여 면접관이 찬 · 반 논리에 대해 실의하고 자유롭게 자신들의 의견을 개진한다. 제시된 이슈에 대해 지원자가 어느 쪽 의견에 속하는지는 평가기준이 아니며, 어떠한 의견이든 타당한 근거와 함께 논리적으로 설명할 수 있는가를 평가한다. 또한 지원자의 의견에 반대되는 의견에 대한 공감능력 및 포용능력에 대해서도 평가한다.

[찬 · 반 논리 질의 예시]

사회적으로 예체능 병역특례제도에 대한 찬성과 반대의 의견이 팽팽히 맞서고 있다. 일부 시민들은 병역이행의 형평성 차원에서 예체능 병역특례제도의 폐지를 주장하고 있고, 일부 시민들은 국위 선양을 독려하는 차원에서 유지되어야 한다고 주장하고 있다. 관련 문제에 대한 본인의 의견을 제시하시오.

- 주요 평가 요소
  - 사회적으로 찬성과 반대 의견이 뚜렷하게 구분되고 있으나, 여전히 많은 담론을 형성하고 있는 이슈에 대해 지원자가 자신의 의견을 얼마나 설득력 있게 논리적으로 설명하는지를 평가
  - 자신의 입장과 반대되는 의견에 대해 적극적으로 이해하려는 포용적 자세에 대해 평가
  - 자신의 입장과 반대되는 의견에 대해 논리적인 근거나 사례를 가지고 의견을 개진하는지 평가

2차(면접) 시험은 특수목적 대학인 사관학교를 지원하는 지원자가 자유민주주의 국가의 민주시민으로서 기본적으로 갖추어야 할 소양을 지닌 주체로서 사고의 논리성, 가치관과 인성 등을 종합평가하는 과정이다. 앞서 제시된 예시들에서 확인할 수 있듯이 주제들은 옳고 그르다는 정답이 있는 문제들이 아니라, 여전히 사회적으로 다양한 의견들이 팽팽히 대립하고 있는 사안들이다. 따라서 지원자가 어느 쪽 의견을 주장하는가는 평가점수에 전혀 영향을 미치지 않는다.

대신 지원자가 사회의 구성원으로서 다양한 사회적 이슈에 관심을 갖고 있는지, 설사 모르는 주제라 할지라도 지문 내지는 면접관의 설명을 통해 충분히 이해할 수 있는 문제 이해(파악)능력을 갖추고 있는가를 우선적으로 평가한다.

다. 또한 자신의 의견을 개진하는 과정에서 설명의 논리성, 타인과의 의사소통 능력, 공감능력, 반대되는 의견에 대한 포용 능력 등이 평가의 중요한 요소이다.

사관생도 신조는 육사 생도의 기본 신념이니 면접을 준비하는 수험생들은 내용을 숙지하는 것도 도움이 된다.

[사관생도 신조]

- 하나. 우리는 국가와 국민을 위하여 생명을 바친다.
- 둘. 우리는 언제나 명예와 신의 속에 산다.
- 셋. 우리는 안일한 불의의 길보다 험난한 정의의 길을 택한다.

<표II-66> 육군사관학교 2차 시험 합격사례(2022학년도)

2차 시험 절차 및 질문 내용	
	[1일차 오전 - 체력검정]
	• 아침 7:00경 정문에서 등록(체온검사, 신원확인). • 7:30 집합: 육사 내 병원에서 치과, 소변, 혈압, 채혈 등 검사. • 8:00 간단한 간식(빵, 두유)을 먹고 체력시험장으로 출발(한 조 20여명). • 체력검정은 팔굽혀펴기 → 윗몸일으키기 → 오래달리기 순으로 진행. • 팔굽혀펴기: 센서를 기반으로 측정하여 기준이 매우 깐깐하여 평소 정자세로 연습 필요. • 윗몸일으키기: 1인당 1명씩 교관이 붙어서 직접 계수함. 손가락과 손바닥만 쇄골에 닿게 하고, 팔꿈치는 가슴에 안 붙여도 상관없음. 2분 동안 측정. 합격자 대부분 70회 이상 함. • 오래달리기는 10~12명 정도가 한조로 400m 트랙에서 진행. • 체력검정 이후 1시간 정도 휴식 후 점심 식사(샌드위치).
	[1일차 오후 - 심리검사, AI역량검사]
	• 심리검사는 육사심리검사(135문항), 성격검사(586문항) 2가지 종류로 OMR체크 하는 형식으로 진행됨. • 심리검사를 토대로 다음날 심리면접을 진행. • 심리검사 2시간 정도 진행 후 A/B조 교대. • AI 역량 검사: 자기소개, 지원동기, 본인의 장단점 등은 필수 문제이니 준비해야 하며, 논리력이 요구되는 미니게임, 상황대처 질문 등으로 구성됨.
	[2일차 - 신체검사, 면접]
	• A/B조로 나뉘어 오전/오후 면접/신체검사 진행. • 7:10~7:55 체력검정장에 가서 준비함(아침식사 후 곧바로 체력검사를 하여 배가 아플 듯하여 전날 준 간식만 먹음). • 면접은 구술면접, 생활기록부 or 자기소개서, 외적자세, 심리검사, 생도대장(준장) 면접 총 5개 방으로 이뤄져 있음. • 모든 면접실에는 3명의 면접관이 있음.

표 이어서 ▸

2차 시험 절차 및 질문 내용	**[1번방(구술면접)]** '미국과 중국의 패권싸움 사이에서 한국의 딜레마'에 관한 제시문이 주어짐. 약 5~10분간 자료를 보면서 본인의 생각을 정리하여 발표함. A: 미국과의 동맹이 더 필요함을 강조하여 발표함. Q: 중국은 우리나라와 지리적으로 가까이 있으며, 경제적으로도 최대 교역국인데 경제적, 군사적 피해가 발생하지 않을까? A: 물론 중국과의 협력도 필요하지만, 우리나라는 한국전쟁 이후 70여 년간 미국과 경제적, 군사적으로 긴밀한 관계를 맺은 동맹국이고, 민주주의와 자본주의 가치를 추구하고 있어, 두 나라 중 한나라를 선택하라면 미국과의 관계가 중요하다고 생각한다. Q: 미국 또는 중국과 동맹하였을 때 얻을 수 있는 것은 무엇이 있는지 각각 말해보고, 둘 중 어느 것이 더 가치가 있다고 생각하나? A: 무역에 의존하여 성장하는 우리나라는 중국과는 경제적 교역을 통해 많은 경제적 이익을 취할 수 있음. 미국과는 군사적으로 긴밀한 관계를 맺어 북한으로부터의 군사적 위협에 대처할 수 있어, 안보적으로 안정된 이익을 취할 수 있다고 생각한다. **[2번방(생기부)]** 학교생활기록부의 내용을 바탕으로 학교생활을 물어보는 방. 진로에 대한 질문이 많으니 준비가 필요. Q: 고등학교 시절에는 군인이 진로 희망이 아닌 것 같은데 사관학교에 관심을 갖게 된 이유가 무엇인가요? A: 고등학교 생활을 하며 다른 분야에 관심을 가진 것은 사실이지만 초등학교, 중학생까지는 장래희망이 항상 육군 장교였고 육군사관학교 1차 시험에 합격하기 위해 열심히 실력을 쌓아왔다. 또, 가족 중 군무원으로 근무하시는 분을 통해 군에 대한 이야기를 듣게 되면서 관심을 갖게 되었다. Q: 다른 학교는 어느 곳에 지원했나? A: 고려대학교 지원했다. Q: 그럼 고려대에 가겠네? A: 둘 다 합격한다면 반드시 육사에 등록하겠다(망설임 없이 발표). Q: 군에서 꼭 해보고 싶은 역할이 있나? A: 병사, 부사관, 장교가 각자의 위치에서 맡은바 역할을 다하여, 국토수호와 국민보호라는 목표를 수행할 수 있도록 군 장교로서의 역할을 다할 것입니다. Q: 리더로서의 경험이 있나요? A: (고교 3년간 학급반장 역할을 맡았으며~) Q: 좋아하는 운동은 무엇인가요? Q: 어떤 과목을 잘하나요?

표 이어서 ▶

2차 시험 절차 및 질문 내용	**[3번방(외적자세)]** Q: 안경, 마스크 벗고 앞에 카메라 바라봐 주세요.~ Q: 화살표 따라 걸어보세요(원을 따라 걷기). Q: 화면에 나온 문장 읽어주세요. - 차렷, 경례 큰소리로 발성 - 바위야 굳세어라(큰소리로 읽기) - 간장공장공장장~~(발음 어려운 문장 읽기) - 뉴스 기사 읽기(또박또박 크게 읽기) Q: 앞으로나란히한 채 앉았다 일어나 보세요. **[4번방(심리검사)]** 전날 한 심리검사 결과를 바탕으로 질문 Q: 학교생활을 하면서 어려웠던 경험은? Q: 본인 성격의 장단점은? Q: 리더로서의 경험은? **[5번방(생도대장 면접)]** - 구술면접과 함께 가장 중요한 면접 - 당당하고 큰 목소리로 답변 필요 Q: 왜 육사에 지원했나? Q: 육사 말고 어디에 지원했나? Q: 육사가 왜 본인을 선발해야 하나? Q: 마지막으로 하고 싶은 말은?
하고 싶은 말	• 신체검사에서 과락된 수험생은 거의 없는 것으로 보임. 신체검사가 공군사관학교보다 기준이 덜 까다로우니 지원 시 고려 필요. • 제복에 대한 막연한 동경심 및 많은 혜택에만 매료되어 지원한 사람들이 적응하지 못하고 자진 퇴교를 한다고 함. 본인의 진로에 대한 확고한 목표와 단체생활 및 기훈(기초군사훈련) 생활을 이겨낼 각오가 되어 있는 수험생들이 지원하기를 바람. • 면접에서 지원동기를 강조하고 있음. 진성 지원자를 원하고 있음. 즉, 입시에서의 보험 차원에서 지원하는 것을 지양하고, 군 정예장교가 되어 사랑하는 국가와 국민에 충성을 다하겠다는 확실한 목표를 가진 수험생이 지원하기를 바람. • 군인 될 사람을 선발하는 것이니 내용에 자신 없어도 자신 있는 태도로 당당히 말하는 것이 중요할 것 같음. • 누구나, 아무나 갈 수 없는 길. 누구도 아무도 강요하지 않은 길. 국가와 국민에 목숨을 바치는, 언제나 명예와 신의를 중시하는 정예장교를 육성하는 사관학교에 지원한다는 자긍심을 갖고 지원하기를 바랍니다.

<표Ⅱ-67> 육군사관학교 2차 시험 합격사례(2023학년도)

<table>
<tr><td rowspan="6">2차 시험 절차 및 질문 내용</td><td>[1일차 오전 - 체력검정]</td></tr>
<tr><td>• 면접 1일차에 학교 안에서 등록을 하고 채혈과 각종 검사
• 체력 시험 전에 빵과 두유 제공 ⇒ 전날에 금식해서 배가 고팠지만, 오래달리기를 할 때 속이 편치 않을 듯하여 조금 먹음.
• 팔굽혀펴기, 윗몸일으키기, 오래달리기순으로 검정
• 체력검정 이후 1시간 정도 휴식 후 점심 식사(샌드위치)</td></tr>
<tr><td>[1일차 오후 - 심리검사, AI역량검사]</td></tr>
<tr><td>• 옷을 편하게 갈아입을 시간을 준 후에 컴퓨터실에 가서 지원동기와 성장과정을 짧은 시간에 써야 함.
• 그 후에 심리검사(700문제 정도) ⇒ 깊은 생각 하지 말고 편하게 검사
• 심리검사 내용을 토대로 다음날 심리면접 진행</td></tr>
<tr><td>[2일차 - 신체검사, 면접]</td></tr>
<tr><td>• A/B조로 나뉘어 오전/오후, 면접/신체검사 진행
• 면접은 구술면접, 생활기록부 or 자기소개서, 외적자세, 심리검사, 생도대장(준장) 면접 총 5개 방으로 이뤄져 있음.
• 신체검사는 버스를 타고 학교를 나가서 진행(렌즈를 끼고 있으면 반드시 안경을 지참하는 것을 추천함)

[1번방(제시문 기반 면접)]

[제시문 1] 우리나라의 K2 전차, K9 자주포 수출, 차세대 이지스 구축함인 정조대왕함의 진수를 비롯하여 한국형 첨단 무기 수출과 개발을 하고 있다. 이러한 무기 수출과 개발은 우리에게 군사적 도발을 해오고 있는 북한을 막아주는 방패가 될 것이다.
[제시문 2] 육군사관학교 목적과 임무, 교육, 목표

Q: 제시문에서 글쓴이의 의도를 말하라(자신의 생각 제외).
A: 무기 수출과 개발은 우리나라의 군사력의 우위를 드러내어 북한의 도발을 막아주는 역할을 할 수 있으니, 한국형 첨단 무기 개발을 지속해야 합니다.
Q: 무기의 개발이 북한을 자극하여 도발이 더욱 많아지지 않을까?
A: 한국형 첨단 무기의 개발 능력에서 북한과 우리나라의 국방력 격차가 북한이 넘보지 못할 정도로 벌어진다면 함부로 군사적 도발을 할 수 없을 것입니다.
Q: 우리나라의 전술핵 배치에 대해 어떻게 생각하는가?
A: 우리나라의 핵 배치는 피해야 한다고 생각합니다. 북한이 핵을 소유했다고 우리나라도 핵을 배치하는 것과 같은 치킨게임은 문제해결의 정답이 될 수 없다고 생각합니다. 또 만약 좁은 한반도에서 핵을 사용하게 된다면 그 희생은 복구가 불가능한 상태까지 나타날 것입니다. 군인은 평화를 위해 존재한다고 생각합니다.</td></tr>
</table>

표 이어서 ▶

2차 시험 절차 및 질문 내용	Q: 사관학교 졸업 후 본인의 진로가 어떨지 말해보시오. A: 육군사관학교의 우수한 교육프로그램을 통해 장교로서 갖추어야 하는 기본적인 역량을 익혀 "가슴엔 조국을 두 눈은 세계"를 향하는 육군 장교로 임관하여 대한민국의 전선을 지킬 것입니다. 이후 초급반 고급반 군방대 등 각 계급별로 요구되는 교육과정을 이수한 후 어떠한 임무가 주어지더라도 이를 완벽하게 수행할 수 있는 정예 장교가 되고 싶습니다. **[2번방(생기부 기반면접)]** Q: 가족 중에 군인이 있나요? A: 부모님이 군인입니다. Q: 군인이 되기 위해 어떤 노력을 했는가? A: 군인은 국가와 국민에 헌신하는 직업이라고 생각하여, 학교생활 중 봉사활동에 열심히 참여하였습니다. 또한 학생회에 들어가 학교를 위해 다양한 활동을 하며 봉사하는 노력을 해왔습니다. Q: 리더에게 필요한 역량은? 또 리더로서 갈등을 해결한 경험은? A: 리더에게 중요한 요소는 바로 소통이라고 생각합니다. 소통을 통해 구성원들의 특성을 잘 파악하고 그 특성에 맞게 임무를 부여할 수 있다면 일의 효율은 매우 향상될 수 있다고 생각합니다. Q: 군에서 꼭 해보고 싶은 역할이 있나? A: 병사, 부사관, 장교가 각자의 위치에서 맡은 역할을 다하여, 국토수호와 국민 보호라는 목표를 수행할 수 있도록 군 장교로서의 역할을 다할 것입니다. Q: 리더로서의 경험이 있나요? A: 고교 3년간 학급반장 역할을 맡아오며 학급의 단합을 최상의 목표로 삼고, 학급에 소외되는 친구가 없도록 노력했습니다. 학급원의 의견을 수렴한 학급 역할을 진행하고, 사소한 의견까지 학급 회의를 통해 해결하고자 하는 노력 끝에 학년말 항상 가족 같은 학급 분위기였다는 칭찬을 듣곤 하였습니다. **[3번방(외적 자세)]** Q: 크게 말하기(제시문장-간장공장공장장 등). Q: 정확하게 발음하기(제시문장-뉴스 기사 등). Q: 앞으로 나란히/차렷/경례/충성 등 큰 소리로 말하기 Q: 한발 들기(양발 번갈아서/앉았다 일어나기) ⇒ 양복바지를 입어 약간 불편했음. 편한 복장 추천 **[4번방(심리검사): 전날 한 심리검사 결과를 바탕으로 질문]** Q: 본인 성격에 대해 말해보세요. Q: 본인 성격의 장단점은?

표 이어서 ▶

2차 시험 절차 및 질문 내용	**[5번방(생도대장 면접)]** ⇒ 답변 중 면접관이 중간에 끊는 경우 많음. Q: 1차 점수는 몇 점인가? Q: 내신 점수는 몇 점인가? Q: 장교가 무엇이라고 생각하나? A: 본인이 내리는 명령과 판단 하나하나가 부하들은 물론이며 국가와 국민의 생명에 직결된다는 에 매사 신중하고 책임감을 지니고 행동하고 판단해야 하는 사람이라고 생각합니다. Q: 육사가 왜 본인을 선발해야 하나? Q: 마지막으로 하고 싶은 말은? Q: 어떤 생도가 되고 싶은가? A: 저는 동료와 함께하는 생도가 되고 싶습니다. 육군사관학교에서는 군사 훈련 뿐만 아니라 여러 공 학위를 배우고, 다양한 교양 교육을 받는다고 알고 있습니다. 이러한 많은 교육과정을 따라 면 동료들과 서로 도와가며 나누는 자세가 필요하다고 생각합니다.
하고 싶은 말	• 면접장 들어가기 전에 크게 심호흡하고 들어가세요. 말할 때 입술이 건조해지니 립밤을 바르고 것을 추천합니다. • 제시문을 보고 적을 시간을 체크하기 위해서 시계가 필요하니, 시계도 챙겨가세요. • 주어진 시간 동안 계속 제시문만 읽는 것이 아니라 중심 내용을 이해하고 간단히 키워드를 생 후 암기하는 것이 좋습니다. • 말은 거창하게 하는 것보다, 간결하게 핵심만 담아서 말하는 것을 추천합니다. • 학교에서 준비하는 정도로만 답변하면 됩니다. 너무 긴장하거나 걱정할 필요 없습니다. • 왜 군인이 되고 싶은지와 왜 육군을 지원했는지에 대해서도 준비하는 것을 추천합니다.

④ 내신 및 한국사 인증시험

한국사능력검정시험은 취득 등급에 따라 우선선발과 특별전형 선발 시 3점까지 부여한다.

등 급	심 화			기 본		
	1급	2급	3급	4급	5급	6급
가산점	3점	2.6점	2.2점	1.5점	1.1점	0.7점

체력우수자 가산점은 우선 선발, 종합 선발, 특별전형 선발 시 1점 부여한다.

2024년 3월 1일 기준, 3년 이내 검정시험 성적으로, 52회~65회차까지 성적 중 2차 시험 서류 제출 이전(2023. 8. 24.)에 성적 확인이 가능한 회차만 인정된다.

내신성적은 100점 만점으로 교과 성적 90점과 출결 점수 10점으로 구성된다.

반영 교과 성적은 국어, 영어, 수학, 한국사, 사회 · 과학 중 석차등급이 산출되는 공통 및 일반선택 과목을 반영한다. 진로선택과목과 소인수과목은 반영하지 않는다. 재학생은 3학년 1학기, 졸업생은 3학년 2학기까지 반영한다. 출결은 결석일수에 따라 출결 점수를 부여한다. 결석일수 0~2일(1등급 10점), 3~6일(2등급 9점), 7~15일(3등급 8점), 16~30일(4등급 7점), 31일 이상(5등급 6점) 순이다.

우선선발(적성우수) 및 종합선발은 100점 만점으로 반영, 우선선발(고등학교 학교장 추천)은 200점 만점으로 환산하여 반영(100점 만점 환산점수×2)된다.

라. 해군사관학교

1) 모집인원 및 절차

해군사관학교는 2024학년도에도 지난해와 동일한 170명을 선발한다. 성별로는 남자 144명(85%), 여자 26(15%)명으로 지난해와 동일하다. 계열별로 보면 남자는 인문 65명, 자연 79명, 여자는 인문 13명, 자연 13명 모집한다.

<표Ⅱ-68> 2024학년도 해군사관학교 모집인원

계	남자(144명)		여자(26명)	
	인문계열	자연계열	인문계열	자연계열
가산점	65명	79명	13명	13명

2020학년부터 원서접수에 지원동기서를 받아 허수 지원자를 거르면서 타 사관학교에 비해 경쟁률이 다소 낮은 경향을 보여왔다. 2023학년도에도 21.1:1 정도로 여전히 높은 경쟁률을 보이고 있다.

고교별 학교장추천 인원을 2021학년도 2명, 2022학년도 4명에서 2023학년도부터는 5명으로 추가 확대했다.
전형별 모집인원을 보면 일반우선전형이 최대 102명(55.3%)으로 가장 많은 인원을 선발하고 있으며, 고교학교장추천이 34명(20%), 종합선발 34명(20%) 선발한다. 고교학교장추천전형은 학교당 추천인원이 4명에서 5명으로 확대되었다.
특별전형은 고른기회 4명 이내, 독립국가유공자, 재외국민자녀 각 2명 이내다.

<표Ⅱ-69> 2024학년도 해군사관학교 전형별 모집인원

구 분	전 형	계	남자(144명)		여자(26명)	
			인문	자연	인문	자연
계		170명	65명	79명	13명	13명
우선 선발 (모집 인원의 80%)	고교학교장추천 전형	34명	13명	16명	3명	2명
	일반우선 전형 * 독립·국가유공자, 고른기회 전형, 재외국민 자녀 전형 선발인원에 따라 변동	최대 102명	최대 39명	최대 47명	최대 8명	최대 8명
	독립 국가유공자 전형	(2명)	성별·계열 구분 없이 8명 이내			
	고른기회 전형 (농·어촌 학생, 기초생활 수급자·차상위계층)	(4명)				
	재외국민자녀 전형	(2명)				
종합선발 (모집인원의 20%)		34명	13명	16명	2명	3명

2) 모집 방법

해군사관학교 원서접수는 타 사관학교와 동일하게 전형에 상관없이 2023. 6.16.(금) 09:00~ 6.26.(월) 18:00에 접수해야 한다.

원서 접수와 함께 지원동기서를 입력해야 하며, 1차 시험 응시 장소를 선택해야 한다.

<표Ⅱ-70> 해군사관학교 1차 시험 응시 장소(2024학년도)

지역	서울				경기·인천			충청
시험장	대왕중 (강남구)	세륜중 (송파구)	인헌중 (관악구)	수명중 (강서구)	광교고 (수원)	동탄목동중 (화성)	구월중 (인천)	동산고 (대전)
지역	전북	전남	부산	경북	경남		강원	제주
시험장	신흥고 (전주)	고실중 (광주)	동의공고 (부산진구)	왕선중 (대구)	상남중 (창원)	월평중 (울산)	강릉고 (강릉)	제주 제일고 (제주시)

해군사관학교 전형도 타 사관학교와 동일하게 기본적으로 우선선발에서 선발되지 않은 인원이 종합선발로 전환되는 방식이다.

즉, 학교당 5명의 추천기회가 주어지는 고교학교장추천전형은 지원자 중 1, 2차 시험까지 합격했으나 미선발된 경우 일반우선 대상자로 전환되고, 여기서도 미선발된 인원은 종합선발 대상자로 전환된다.

그래서 고교학교추천전형으로 지원했을 경우 세 번의 기회가 주어진다. 단 우선선발에서 미선발되고 종합선발로 전환될 경우 수능 성적이 65% 반영된다는 점이 특징이다.

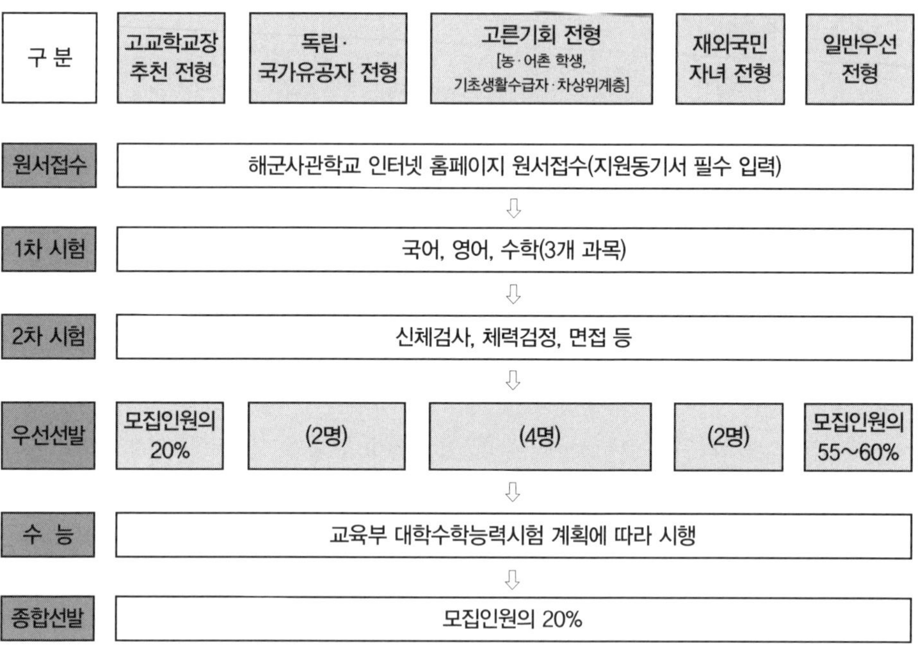

[그림Ⅱ-2] 해군사관학교 입학전형 절차

전형별 배점 및 특징은 다음과 같다.

① 고교학교장 추천

학교당 5명 추천이 가능한 고교학교장추천전형은 34(20%)명을 모집한다.

배점은 1차 시험 200+학생부(내신) 100+면접 500+비교과 100+체력검정 100으로 총점 1,000점이다.

다른 전형에 비해 1차 시험의 비중이 200점 낮고 대신 면접의 비중이 크다. 또한, 유일하게 비교과평가가 있는 전형이다. 비교과평가는 지원동기서와 학교생활기록부를 기초로 평가하며, 심층면접은 2차 시험에서 진행하는 면접에서 추가로 진행된다.

신체검사는 합/불만을 결정하고, 수능성적은 반영되지 않으며, 가산점은 한국사 5점, 체력검정 3점이다.

고교학교장추천전형으로 선발되지 않았을 경우, 일반우선전형 대상자로 전환되어 서열에 따라 합격 여부가 결정된다. 또, 일반우선전형으로 선발되지 않았을 경우에는 종합선발 대상자로 다시 전환되어, 수능 성적을 포함하여 서열에 따라 합격여부가 결정된다.

② 일반우선전형, 특별전형

가장 많은 인원(102명)을 선발하는 일반우선전형과 특별전형의 배점은 동일하게 1차 시험 400+학생부(내신) 100+면접 400+체력검정 100으로 진행된다. 단, 지원자격에서 차이가 있을 뿐이다. 가산점은 한국사 5점, 체력검정 3점이다.

일반우선전형으로 선발되지 않았을 경우에는 종합선발 대상자로 전환되어, 수능 성적을 포함하여 서열에 따라 합격여부가 결정된다.

<표Ⅱ-71> 해군사관학교 전형별 배점

<table>
<tr><th rowspan="3">구분</th><th rowspan="3">전형</th><th colspan="9">배 점</th></tr>
<tr><th rowspan="2">총점</th><th rowspan="2">1차 시험</th><th colspan="4">2차 시험</th><th rowspan="2">학생부
(비교내신)</th><th rowspan="2">수능</th></tr>
<tr><th>면접
시험</th><th>체력
검정</th><th>비교과
평가</th><th>신체
검사</th></tr>
<tr><td rowspan="5">우선
선발</td><td>고교학교장추천 전형</td><td>1,000점</td><td>200점</td><td>500점</td><td>100점</td><td>100점</td><td>합불</td><td>100점</td><td>-</td></tr>
<tr><td>일반우선 전형</td><td rowspan="4">1,000점</td><td rowspan="4">400점</td><td rowspan="4">400점</td><td rowspan="4">100점</td><td rowspan="4">-</td><td rowspan="4">합불</td><td rowspan="4">100점</td><td rowspan="4">-</td></tr>
<tr><td>독립·국가유공자 전형</td></tr>
<tr><td>고른기회 전형</td></tr>
<tr><td>재외국민자녀 전형</td></tr>
<tr><td colspan="2">종합선발</td><td>1,000점</td><td>-</td><td>200점</td><td>100점</td><td>-</td><td>합불</td><td>50점</td><td>650점</td></tr>
</table>

* 면접시험: 대면면접(총 점수의 80%/2차 시험 시 실시)+AI 면접(총 점수의 20%/2차 시험 전 실시)

③ 종합선발

34명(20%)을 선발하는 종합선발은 우선선발에서 합격하지 못하였으니 종합선발 대상자로 안내된 수험생을 대상으로 한다.

배점은 수능 650+학생부(내신) 50+면접 200+체력검정 100으로 반영한다. 유일하게 1차 시험이 반영되지 않는 대신 수능이 반영되는 전형이다. 가산점은 체력검정 3점이다.

3) 2차 시험

2023학년도 해군사관학교 2차 시험은 신체검사, 체력검정, 면접, AI면접으로 진행이 된다. 육사나 공사와 달리 9. 5.(월)~10. 24.(화) 중 조별 하루에 모든 시험일정이 진행된다. 2021학년부터 도입된 AI면접은 2차 시험 응시 전 별도 지정 기간 중 실시된다. 올해는 체력검정에서 지난해에 비해 다소 완화된 특징을 보인다.

2023학년도까지 참고자료로 활용되던 AI면접은, 2024학년도부터 면접 총 점수의 20% 점수가 부여된다.

<표Ⅱ-72> 해군사관학교 2차 시험 종목 및 방법

<table>
<tr><th>구 분</th><th>주 요 내 용</th><th>비 고</th></tr>
<tr><td>신체
검사</td><td>• 신체검사 기준에 따라 판정</td><td>합격 / 불합격
(필요시 재검 판정)</td></tr>
<tr><td>체력
검정</td><td>• 3개 종목 및 종목별 배점
<table>
<tr><th>국가관</th><th>윗몸일으키기</th><th>팔굽혀펴기</th></tr>
<tr><td>40점</td><td>30점</td><td>30점</td></tr>
</table>
• 각 종목별 실시기회는 1회만 부여
• 당일 검정 완료 원칙(단, 사전 진단서 제출 시 담당군의관 판단 후 일정 조정 가능)
• 오래달리기에만 불합격 기준 적용(남자 8분 19초 이상, 여자 8분 20초 이상은 불합격)</td><td>점수 부여</td></tr>
<tr><td>대면
면접</td><td>• 개별 또는 심층 면접 등 실시
* 국가관·역사관·안보관, 군인기본자세, 적응력, 인성·품성 등</td><td>점수 부여
(면접 총 점수의 80%)</td></tr>
<tr><td>AI
면접</td><td>• 2차 시험 응시 전, 별도 지정된 기간 중 실시
* 적극성·책임감·전문성·협력적 소통, 회복탄력성
* AI면접은 반드시 실시하여야 함(미실시한 경우 점수 미부여)
* 세부사항은 2차 시험 응시자 대상 별도 공지 예정</td><td>점수 부여
(면접 총 점수의 20%)</td></tr>
</table>

① 신체검사

신체검사는 신체 등위의 측정 및 외과, 정형외과, 치과, 이비인후과, 내과, 피부/비뇨기과, 산부인과, 안과 등 진료과에 대하여 신체검사를 실시한다.

신체 등위의 경우 1, 2등급은 합격 처리되며, 3급은 '사관생도 선발업무 추진위원회' 결정에 따라 합불 여부가 결정된다. 4급 이하는 불합격이다. 신장 기준 남자는 159cm 미만이거나 196cm 이상, 여자는 152cm 미만이거나 184cm 이상인 경우 체중과 관계없이 4급 판정을 받게 된다.

<표Ⅱ-73> 신장·체중에 따른 신체등급 판정 기준

단위: BMI(kg/m²)

신장(cm) \ 등급		1급	2급	3급	4급 (불합격)
남자	여자				
159 미만	152 미만				체중과 관계없이 4급
159 이상 161 미만	152 이상 155 미만			17 이상~33 미만	17 미만 33 이상
161 이상 196 미만	155 이상 184 미만	20 이상~25 미만	18.5 이상~20 미만 25 이상~30 미만	17 이상~18.5 미만 30 이상~33 미만	17 미만 33 이상
196 이상	184 이상				체중과 관계없이 4급

신체검사 결과 재검으로 인한 조건부 합격자는 기한 내 재검을 완료해야 하며, 재검에서 합격 판정 시 신체검사 합격 처리한다.

유의할 점은 한약, 기타 영양제 등 복용, 검사 전날 22시 이후 음식물을 먹거나 마실 경우, 신체검사에서 재검, 불합격 등의 불이익을 받을 수 있다.

또한, 2차 시험 신체검사 합격 후 가입학 전까지의 기간 동안 수술을 할 경우 가입학 후 시행하는 입영 신체검사 시 불합격될 수 있으며, 2차 시험 신체검사 시 개인 병력사항 등에 대해 문진표를 정확하게 작성해야 하며, 문진표 및 진단서 등을 허위 또는 부정하게 제출하거나 누락할 경우 합격 취소 등의 불이익을 받을 수 있다.

<표Ⅱ-74> 신체검사 주요 불합격 기준

구분	주요 불합격 기준
외과	• 2도 이상, 체표면적 10% 이상의 화상 • 복부 수술(서혜부 탈장수술, 담낭절제술, 충수돌기 절제술은 제외)
정형외과	• 척추측만증 : 코브스씨 측정법으로 20도 이상인 경우 • 치료중인 골절, 힘줄, 신경 손상이 있거나 이로 인한 기능장애, 변형 등의 후유증이 있는 경우 • 무릎이나 발목, 어깨 관절의 불안정성 소견이 보이는 경우
흉부외과	• 흉곽기형 : 외관상 뚜렷한 불균형 및 운동부전으로 수술을 받은 경우, 심폐 기능 장애가 있는 경우 • 대혈관 질환 • 심장 및 심낭질환 • 폐 절제술(폐구역 절제술 이상)
치과	• 전치부 결손 : 치조골 결손이 포함된 경우 • 습관성 탈구 : 악관절 기능이상이 있는 경우
이비인후과	• 중이염 : 급성 중이염을 제외한 일측·양측인 경우 • 부비동염 : 급성을 제외한 만성 및 범발성인 경우 • 비중격 천공, 위축성 비염(알러지성 비염 및 혈관 운동성 비염 제외)
내과	• 전문적 치료에도 반응이 불량한 빈혈 • 고혈압 : 수축기 혈압 160mmHg 이상 또는 이완기 혈압 100mmHg 이상
피부과	• 문신 : 제거되지 않은 경우 중 합계 면적이 120cm² 이상인 경우
비뇨의학과·산부인과	• 만성 신우신염, 신결손 • 악성 종양 및 낭종
안과	• 시력 : 나쁜 눈 시력이 0.6 미만(교정시력) • 근시 : 굴절력 -10.0D 이상 • 원시 : 굴절력 +4.0 이상 • 난시 : 수평수직 굴절률 차이 4.0D 이상 • 부동시 : 양안의 곡광도 차이가 4.0D 초과 • 수평사위 : 20프리즘 이상 • 수평사시 : 10프리즘 이상 • 수직사시 : 6프리즘 이상 • 인공 수정체안 • 색맹 • 색약은 합격 가능하나, 임관 병과 분류 시 함정 및 항공 병과로 분류 불가 * 위의 굴절력은 안경을 벗고 자동 굴절 검사기로 측정하는 것이며, 사전에 안과 병원에서 자신의 시력 및 굴절력을 확인해 보는 것을 권장함. * 근시, 원시, 부동시의 굴절력은 구면렌즈 대응치로 판정함.

* 위 불합격 기준은 〈해군 건강관리 규정〉의 일부를 요약한 것으로 세부 신체검사 기준은 〈해군 건강관리 규정〉에서 확인(해사 홈페이지에 게시)

② 체력검정

체력검정은 윗몸일으키기 팔굽혀펴기 오래달리기의 세 가지 종목으로 나뉜다. 체력검정은 올해 전반적으로 완화된 기준을 보인다.

<표Ⅱ-75> 윗몸일으키기

등급(점수)	1등급 (30점)	2등급 (29점)	3등급 (28점)	4등급 (27점)	5등급 (26점)	6등급 (25점)	7등급 (24점)	8등급 (23점)
남자	76회 이상	75~72	71~68	67~64	63~60	59~56	55~52	51~48
여자	67회 이상	66~63	62~59	58~55	54~51	50~47	46~43	42~39
등급(점수)	**9등급 (22점)**	**10등급 (21점)**	**11등급 (20점)**	**12등급 (19점)**	**13등급 (18점)**	**14등급 (17점)**	**15등급 (16점)**	**16등급 (15점)**
남자	47~44	43~40	39~36	35~32	31~28	27~25	24~22	21~19
여자	38~35	34~31	30~27	26~23	22~19	18~16	15~13	12~10

* 16등급 미달(남자 18회 이하, 여자 9회 이하) 시 0점 부여(검정시간: 2분)

<표Ⅱ-76> 팔굽혀펴기

등급(점수)	1등급 (30점)	2등급 (29점)	3등급 (28점)	4등급 (27점)	5등급 (26점)	6등급 (25점)	7등급 (24점)	8등급 (23점)
남자	58회 이상	57~55	54~52	51~49	48~46	45~43	42~40	39~37
여자	33회 이상	32~31	30~29	28~27	26~25	24~23	22~21	20~19
등급(점수)	**9등급 (22점)**	**10등급 (21점)**	**11등급 (20점)**	**12등급 (19점)**	**13등급 (18점)**	**14등급 (17점)**	**15등급 (16점)**	**16등급 (15점)**
남자	36~34	33~31	30~28	27~25	24~22	21~19	18~16	15~13
여자	18~17	16~15	14~13	12~11	10~9	8~7	6~5	4~3

* 16등급 미달(남자 12회 이하, 여자 2회 이하) 시 0점 부여(검정시간: 2분)
* 등급 부여 시 1초 미만 단위는 버림(예: 남자 5'38''59는 1등급 부여)

<표Ⅱ-77> 오래달리기(남자: 1,500m / 여자: 1,200m)

등급 (점수)	1등급 (40점)	2등급 (39점)	3등급 (38점)	4등급 (37점)	5등급 (36점)	6등급 (35점)	7등급 (34점)	8등급 (33점)	9등급 (32점)	10등급 (31점)	11등급 (30점)
남자	5'38" 이내	5'39" ~ 5'46"	5'47" ~ 5'54"	5'55" ~ 6'02"	6'03" ~ 6'10"	6'11" ~ 6'18"	6'19" ~ 6'26"	6'27" ~ 6'34"	6'35" ~ 6'42"	6'43" ~ 6'50"	6'51" ~ 6'58"
여자	5'19" 이내	5'20" ~ 5'28"	5'29" ~ 5'37"	5'38" ~ 5'46"	5'47" ~ 5'55"	5'56" ~ 6'04"	6'05" ~ 6'13"	6'14" ~ 6'22"	6'23" ~ 6'31"	6'32" ~ 6'40"	6'41" ~ 6'49"
등급 (점수)	12등급 (29점)	13등급 (28점)	14등급 (27점)	15등급 (26점)	16등급 (25점)	17등급 (24점)	18등급 (23점)	19등급 (22점)	20등급 (21점)	21등급 (20점)	불합격
남자	6'59" ~ 7'06"	7'07" ~ 7'14"	7'15" ~ 7'22"	7'23" ~ 7'30"	7'31" ~ 7'38"	7'39" ~ 7'46"	7'47" ~ 7'54"	7'55" ~ 8'02"	8'03" ~ 8'10"	8'11" ~ 8'18"	8'19" 이상
여자	6'50" ~ 6'58"	6'59" ~ 7'07"	7'08" ~ 7'16"	7'17" ~ 7'25"	7'26" ~ 7'34"	7'35" ~ 7'43"	7'44" ~ 7'52"	7'53" ~ 8'01"	8'02" ~ 8'10"	8'11" ~ 8'19"	8'20" 이상

윗몸일으키기와 팔굽혀펴기는 2분간 실시하며 30점 만점이다. 등급 구간도 지난해 30등급으로 구분하던 것을 올해 16등급으로 구분했다.

팔굽혀펴기의 경우 남자 12회 이하, 여자 2회 이하일 경우 0점이 부여된다. 지난해 남자 16회 이하, 여자 5회 이하보다 다소 완화되었다.

윗몸일으키기도 남자 18회 이하, 여자 9회 이하로 지난해 남자 30회, 여자 20회에서 완화되었다.

오래달리기의 경우 남자 1,500m 여자 1,200m로 평가한다. 남자 8분 19초 이상, 여자 8분 20초 이상일 경우 기존 체력검정 성과와 상관없이 불합격이다.

각 종목별 실시기회는 1회만 부여한다.

③ 면접

면접고사는 사관생도로서 기본적인 자질인 인성/품성, 가치관 등을 평가하고, 외적자세 · 언어습관 등 군인기본자세, 향후 사관학교 생활 시 적응력을 평가하기 위한 항목 등으로 구성되어 있다.

고교 교과와의 연계성은 높지 않고 역사관 평가 문항의 경우 고교 교육과정을 이수한 학생이라면 충분히 답변 가능한 수준으로 구성되어 있다.[2]

<표Ⅱ-78> 해군사관학교 면접 평가항목

구분		주요내용
면접 고사	가치관	• 올바른 국가관과 안보관 정립 • 군인정신에 대한 올바른 이해
	군인 기본자세	• 단정한 외모, 바른 외적 자세 • 발성의 명료함과 발음의 정확성 • 행동 습관 및 반복적으로 사용하는 언어 • 발표 태도 및 논리적인 표현
	인성 품성	• 가정 및 학교 교육을 통한 올바른 인격 형성 • 희생정신, 배려심, 봉사 정신 등 사관학교가 요구하는 품성
	적응력	• 강인한 입학 의지 및 뚜렷한 목적의식 • 해군, 해군 장교, 해군사관생도에 대한 올바른 이해 • 역경을 극복하려는 의지 및 불굴의 투지
	종합평가	• 위 4개 분야의 면접내용 재확인, 분야별 특이 소견자 확인

개별면접 또는 심층면접의 형태로 진행한다. AI면접은 2021학년부터 참고자료로 활용되어 왔지만 2022학년부터 필수 응시로 진행됐다. 2차 시험 응시자는 2차 시험 응시 전 별도 지정된 기간 중 AI면접을 반드시 응시해야 한다. 2023학년도까지 참고자료로 활용되던 AI면접이 2024학년도부터 면접 총점의 20% 점수 반영으로 변경되었다.

2 참고: 2022학년도 해군사관학교 선행학습결과보고서

해군사관학교 2차 시험 합격 사례

2차 시험 절차 및 내용

[오전 - 신체검사/체력검정]

- 해사는 2차 시험 일정이 하루에 다 끝나기 때문에 오전에 신체검사 및 체력검정을 마치고, 점심 먹은 후 오후에 면접을 진행했음.
- 7시 30분 집합: 오전 신체검사가 있어 아침을 먹지 않고 집합장소에 도착했음.
- 7시 40분쯤 문진표, 핸드폰 등을 제출하고 면접번호표와 기념품을 받고 버스 탑승(면접순서는 집이 먼 사람부터 빠른 번호를 준다고 함).
- 8시 40분쯤 의무대에 내려서 신체검사(시력검사, 청력검사, 채혈, 키, 몸무게, 정형외과, 신경과, 치과 등) 받음.
- 의무대장님과 최종 신체검사 면담.
- 간식(초코바, 물)을 받아 버스 탑승 후 체력검정장으로 이동.
- 체력 측정은 팔굽혀펴기, 윗몸일으키기, 오래달리기 순으로 진행하는데 팔굽혀펴기와 윗몸일으키기를 먼저 측정한 후에 쉬고 오래달리기를 측정.
- 팔굽혀펴기와 윗몸일으키기는 5명씩, 오래달리기는 20명이 함께 측정.
- 1분 동안 측정하며 종료 30초, 10초, 5초 전 시간 카운트 안내해줌.
- 팔굽혀펴기 봉은 두꺼운 스펀지 같은 걸로 쌓여 있음. 이 스펀지에 가슴이 닿으면 카운트되기 때문에 연습보다 수월했음.
- 윗몸일으키기 끝나고 10~20분 정도 쉬는 시간이 있음. 이때 다리 근육 풀어주길 추천.
- 오래달리기 측정 이후 팔굽혀펴기와 윗몸일으키기 재검 신청이 있음. 하지만 달리기 이후 체력이 떨어져서 좋은 성적이 나오기 어려움.
- 체력검사 이후 버스로 생활관으로 이동하여 각자 방에서 도시락 점심 식사 후 옷 갈아입고 빈칸 채우기 함.
- 빈칸 채우기는 '나의 친구는 가끔 ________________' 이런 식의 문장이 주어지고, 본인의 생각을 채우는 방식(10개 문항).

[오후 - 면접]

- 면접 순서는 집에서 먼 사람들 순서로 진행.
- 면접은 3개의 방에서 각 10분 정도씩 진행.
- 면접관은 방별로 4분이 있음.

[첫 번째 방 - 군인 기본자세]

- 자리에서 일어나 어깨를 펴고 곧게 서보라고 한 후 다시 앉아 시작.

Q: 진해에 와본 적 있나요?

Q: 진해의 첫 인상은 어떤가요?

Q: 해군사관학교에 지원한 이유는?

Q: 자신의 강점과 약점을 말해보세요.

Q: 대인관계에 있어서 장단점이 있다면 말해보세요.

표 이어서 ▶

2차 시험 절차 및 내용	Q: 학교생활 중 리더로서 활동해본 경험과 활동하면서 힘들었던 점이 있었나? Q: 대한민국 하면 떠오르는 이미지는? Q: 그렇게 생각한 계기는? Q: 국가안보와 국민의 기본권, 둘 중 하나를 포기해야 한다면? Q: 한국사를 공부하면서 인상 깊었던 부분은? Q: 우리나라에서 가장 자랑스러웠던 역사는? Q: 우리나라의 주적은 어디인가? Q: 가장 존경하는 역사적 인물은? **[두 번째 방 - 인성]** • 생활기록부나 빈칸 채우기 답변서를 보고 질문. 답변에 대한 추가 질문 Q: 학교생활 중 리더 역할을 한 경험이 있나요? Q: 리더역할을 하면서 어려웠던 점은? Q: 어떻게 해결했나? Q: 학교생활 중 힘들었던 일은? Q: 힘든일은 어떻게 극복했나요? Q: 본인 성격 중 고쳤으면 하는 점은? Q: 그렇게 생각하는 이유는? Q: 친구와 싸워본 경험은? Q: 그 이유는? Q: 해사 사관생도가 되기 위해선 지, 덕, 체를 모두 갖춘 인재여야 하는데 이러한 인재상에 부합하기 위해 고등학교 생활 동안 특별히 기울인 노력이 있나? **[종합평가]** • 이 방은 대령 한 분이 면접 Q: 본인이 생각하는 우리 해군의 자랑스러운 점은? Q: 부끄러운 점은? Q: 해사에 어떤 학과가 있는지 알고 있나? Q: 해사에 합격한다면 어떤 장교가 되고 싶나? Q: 앞으로의 진로 계획은? Q: 마지막으로 하고 싶은 말은? • 면접이 끝나면 휴대폰을 받고 버스로 정문까지 태워줌.
하고 싶은 말	• 면접관들이 직업 군인입니다. 단정한 두발 상태와 크고 자신감 있는 태도를 추천합니다. • 만약 잘 모르는 역사 질문이 나오면 모른다고 당당하게 말하는 것이 좋은 인상을 줄 것 같습니다. • 해사에서 매 분기별로 발간하는 해사 학보를 살펴본다면 면접 준비에 도움이 될 것 같습니다.

해군사관학교 기출문제 예시

- 1, 2차 연평해전에 대해 알고 있나?
- 6·25 전쟁 과정에 대해 알고 있나?
- 우리나라의 주적은?
- 한미 동맹은 반드시 필요한가?
- 천안함 사건에 대해 어떻게 생각하나?
- 본인이 생각하기에 우리나라에서 가장 자랑스러운 역사와 부끄러운 역사는?
- 남북통일에 관한 본인의 생각은? 꼭 통일을 해야 하나? 안 해도 된다면 그 이유는?
- 자신의 좌우명이 무엇인가요?
- 북한 핵에(핵미사일에) 관해 어떻게 생각하나?
- 본인의 국가관/안보관을 말해보세요.
- 징병제와 모병제에 관해 어떻게 생각하나?
- 사관생도가 된다면 어떻게 생도시절을 보낼것인가?
- ㅇㅇ사관학교에 관해 얼마나 많이 알고 있는지 말해보세요.
- 해사에 지원한 이유는? 다른 사관학교는?
- 군인이 가져야 할 자세는 무엇이라 생각하나?
- 가장 존경하는 인물은? 그 이유는?
- 본인 성격의 장단점은?
- 아버지에 대해 어떻게 생각하나?
- 장교로 임관한다면 어떤 분과에서 일하고 싶나?
- 생도 생활에 대해 아는 내용이 있나?
- 입학 후 사관학교 생활이 기대와 다르면 어떻게 할 것인가?
- 사관생도의 단점이 무엇이라고 생각하는가?
- 가족을 소개해보세요.

4) 내신 및 가산점

① 교과 성적 반영방법

해군사관학교는 전 전형에서 학생부 성적을 반영한다. 교과 최대 90점과 출결 최대 10점이 반영된다. 교과 성적은 국어, 영어, 수학, 도덕, 사회, 과학 전 교과 중 석차등급(9등급)이 산출되는 모든 이수과목을 반영한다. 진로선택과목은 반영하지 않는다. 재학생은 3학년 1학기까지, 졸업생은 3학년 2학기까지 반영한다.

출결 점수는 결석일수에 따라 점수를 반영한다.

<표Ⅱ-79> 해군사관학교 교과 성적 반영 점수

등급	1	2	3	4	5	6	7	8	9
점수	90	89.5	89	88.5	88	87	85	81	75

* 조기졸업생: 졸업 전까지의 이수과목 반영

출결성적은 결석일수에 따라 등급 환산하여 점수를 반영한다. 최대 10점까지 반영할 수 있는데, 결석일수 2일까지는 10점 만점이다. 이후 3~6일 9점, 7~15일 8점, 16~30일 7점, 31일 이상 5점이다. 병결과 공결은 제외한다.

<표Ⅱ-80> 해군사관학교 출결성적 반영 점수

등급	1	2	3	4	5
결석일수	0~2일	3~6일	7~15일	16~30일	31일 이상
점수	10	9	8	7	5

② 가산점

해군사관학교는 한국사와 체력 분야 및 자격증 등에서 가산점 제도를 운영한다. 한국사는 종합선발을 제외한 전형에서 최대 5점이 주어진다. 반영 회차는 제52회(2021. 4.11.) ~ 제65회(2022. 6. 17.)까지 반영할 수 있다.

그 외 체력검정 전 종목 1등급 획득, 태권도 3단(품) 또는 유도/검도 2단 이상의 단증 보유, 수상인명구조자격(Life Guard) 보유 시 각 1점이 부여되어 최대 3점의 가산점이 추가 부여된다.

단, 서류접수 마감일 8. 15.(화) 기준 유효기간 내의 자격증만 인정된다.

[2023년 해양경찰청 지정 교육기관]

① 대한적십자사 ② (재)한국YMCA전국연맹 ③ (사)한국해양소년단연맹
④ (사)대한인명구조협회 ⑤ (사)수상인명구조단 ⑥ (사)대한래프팅협회
⑦ (사)한국해양구조협회 ⑧ (사)한국수상레저안전연합회 ⑨ (사)한국구조연합회
⑩ (사)한국청소년스킨스쿠버협회 ⑪ (사)대한수중, 핀수영협회
⑫ (사)한국라이프세이빙소사이어티 ⑬ (사)수상인명구조교육협회
⑭ (사)대한안전연합 ⑮ (사)대한워터스포츠협회
※ 지정 교육기관은 변동될 수 있으니 해양경찰청 수상레저종합정보 홈페이지 (https://boat.kcg.go.kr/home/custCnter/ntcInfo/infoView8.do)를 통해 확인 필요

PART

03

군사(군 관련)학과 지원전략

군사학과란?

앞에서 살펴본 바와 같이 우리나라에서 군 장교를 지원하기 위해서는 4년제 이상의 대학을 졸업(학사 이상)하고 일정 기간 이상의 군사훈련을 거쳐야 한다.

군사학이란 군사이론을 체계적으로 정립한 독립된 학문이다. 군사학과는 군사학 전문학위를 부여하기 위해 설립한 학과로 21세기 한반도 주변의 새로운 군사 안보 상황에 대응할 수 있는 미래형 군사전문가, 어학 능력 및 다양한 국제문화 역량을 겸비한 글로벌 군사전문가, 유연하고 탄력적인 대응능력을 갖춘 창조형 군사전문가 양성을 교육목표로 하고 있다.

교육과정으로는 국가안보론, 국방경제학, 국방기획관리, 국방정책론, 국방조직관리론, 국제관계론, 군대사회학, 군대윤리, 군비통제, 군사과학기술, 군사교육학, 군사법 등이 있다.

군사학과도 사관학교와 같이 군사학만 전공하는 것은 아니다. 군사학과는 통상 복수전공을 해야 졸업을 할 수 있다. 그렇기 때문에 만약 장기복무를 하지 않고 전역할 경우에도 이중 전공을 살려 취업을 할 수도 있다. 또한 임관 시 병과 선택에서도 전공의 영향을 받을 수 있다. 예를 들어 전투병과의 경우에도 자동차 관련학과이면 기갑병과를 받을 확률이 매우 높고 정보통신 관련 학과일 경우 통신병과를 받을 가능성이 높다.

군사학과를 졸업할 시에는 군사학 전문학위를 부여받고, 학군사관(ROTC) 또는 학사사관후보생(학사장교) 제도를 통해 장교로 임관할 수 있다.

군사학과와 학군사관은 똑같이 대학교 재학생을 대상으로 시행되는 제도지만, 다음과 같은 차이가 있다.

<표III-1> 군사학과: 학군사관

비고	군사학과	학군사관(ROTC)
전공	주전공이 군사학/다른 전공은 복수전공	주전공은 일반 대학 전공
군사훈련	대학의 강의 시간에 훈련	방학에 훈련

군사학과와 학군사관이 둘 다 설치된 대학에선 군사학과에 다니면서 학군사관을 이수할 수 있다.

군사학과의 운영방식도 다음과 같이 두 가지로 나눌 수 있다.

* **계약 및 협약:** 군에서 교육기관에 위탁시키는 경우로, 군에서 정식으로 장학금과 훈련을 받기 때문에 군 가산복무 지원금 지급 대상자라고도 부른다.
  이 중 계약학과의 경우 입학과 동시에 군장학생으로서 4년간 수학하게 된다. 하지만 군 협약과는 입학 이후 학생 개개인이 군장학생 시험에 응시해야 한다.
* **비협약:** 군과 협약을 맺지 않은 경우로 대학에서 자체적으로 전역 군인을 채용하여 운영하며, 별도의 시험을 거쳐 장교로 임관할 수 있다.

군 관련 학교 현황은 아래 〈표 Ⅲ-2〉와 같다.

<표Ⅲ-2> 군사(군 관련)학과 현황

계약학과	협약학과	비협약학과
건양대 군사학과(육군)	극동대 군사학과(해병대)	건양대 국방공무원
경남대 군사학과(육군)	경운대 군사학과(해병대)	광주대 국방기술학부
고려대 사이버국방학과(국방부)	동양대 정보통신(육군)	대구대 군사학과
단국대 해병대군사학(해병대)		동명대 군사학과
대전대 군사학과(육군)	목포해양대 해군사관학부(해군)	동신대 군사학과
세종대 국방시스템공학(해군)	상명대 국가안보(육군)	상지대 군사학과
세종대 항공시스템공학(공군)	서경대 군사학과(육군)	신한대 사이버드론군사학과
아주대 국방디지털융합(공군)	충남대 국토안보학(육군)	송원대 국방경찰학과
영남대 군사학과(육군)		우석대 군사학과
영남대 자율전공 항공운항(공군)		우석대 군사기술학과
용인대 군사학과(육군)		우석대 군사안보학과
원광대 군사학과(육군)		초당대 군사학과
조선대 군사학과(육군)		
청주대 군사학과(육군)		
충남대 해양안보학(해군)		
한양대(에) 국방정보공학(해군)		

군 계약학과

계약학과는 산업체의 요구에 따라 특별한 교육과정을 설치하여 운영하는 학과이다. 계약학과는 크게 '재교육형'과 '채용조건형'으로 구분할 수 있다. 이 중 채용조건형은 산업체 등이 채용을 조건으로 학자금 지원 계약을 체결하고 특별한 교육과정을 이수하면 졸업 및 취업이 보장되는 형태로 고등학교 졸업(예정)자를 대상으로 신입학 선발을 한다.

채용조건형은 크게 조기취업형, 군의무복무형, 기업체취업형의 3가지 형태로 구분할 수 있다.

군의무복무형 계약학과는 육/해/공군 장교 육성을 목표로 합격생 전원에게 등록금이 지급되는 군장학생 신분이므로 재학 중 학군사관 선발시험에 합격할 경우 학군장학생으로서 3학년부터 ROTC생활을 병행한다. ROTC를 하지 않으면 졸업 후에 학사사관후보생으로 학군교에 입교하여 장교로 임관한다. 입교기간은 각 군마다 다르다. 군장학생은 4년간 군 장학금을 받으면서 다니기 때문에 복무기간은 ROTC를 병행하게 되면 6년 4개월, 학사장교로 입대하게 된다면 졸업 후 의무복무 3년을 더해 총 7년간의 의무복무를 해야 한다.

가. 계약형 군사(군 관련)학과 현황

입시를 육군에서 주관하며 입학과 동시에 군장학생이 되는, 계약형 군사학과는 건양대(논산) 군사학과, 경남대 군사학과, 대전대 군사학과, 영남대(경산) 군사학과, 용인대 군사학과, 원광대 군사학과, 조선대 군사학과, 청주대 군사학과가 있다. 용인대 군사학과는 2022학년도부터 모집하지 않는다.

이 외에도 고려대(사이버국방)는 국방부와 계약 운영하고 있으며, 단국대(해병대군사학)는 해병대와 계약 운영하고 있다. 세종대(국방시스템공학), 충남대(해양안보학), 한양대(에)(국방정보학)는 해군과 계약, 세종대(항공시스템공학), 아주대(국방디지털융합), 영남대(항공운송학과)는 공군과 계약 운영하고 있다.

계약형 군사(군 관련)학과 현황 및 학교별 특성은 다음과 같다.

<표III-3> 계약형 군사학과

학교	학과	협약기관	특성
건양대	군사학과	육군	• 남녀 학생 전원 육군 소위 임관 • 국제지역전문가 프로그램으로 1~2개 학기 해외연수 • 육군본부 학사운영평가 12년 연속 최우수(Green) 평가
경남대	군사학과	육군	• 일반대학원에 군사학 석박사과정을 개설 • 군장학생과 ROTC 후보생은 자동적으로 육군장교로 임관하지만, 본인의 선택과 준비에 의하여 해군 또는 해병대, 공군 장교 그리고 군무원으로 임관 가능
고려대	사이버국방	국방부	• 상위 1%의 엘리트 사이버 보안 전문 장교 양성 • 2학년이 후 고급 소프트웨어/네트워크 이론, 기술교육 등 사이버국방학 교육 • 졸업 후 장교로 임관, 사이버사령부 등 사이버국방 유관 기관에서 7년간 복무 • 전역 후 IT기업, 대기업, 정부산하연구소, 보안기업 진출
단국대	해병대군사학	해병대	• 입학부터 졸업까지 해병대 장교를 목표로 하는 학과 • 의대, 약대, 치대를 제외한 단국대 전 과정에 대한 복수전공 허용
대전대	군사학과	육군	• 남학생은 입학과 동시에 군장학생 신분 • 여학생은 2학년 때 응시하는 ROTC선발 시험, 4학년 때 응시하는 학사사관 시험 체계적 준비 환경 • 자격증 취득, 시험 등시 등에 필요한 비용 지원
세종대	국방시스템공학	해군	• 해군 무기체계에 대한 이해를 갖춘 군사과학기술 전문가 양성 • 재학 중 군사훈련 없음 • 졸업 후 군사교육 후 해군소위 7년 복무 • 장기복무가능

표 이어서 ▸

학교	학과	협약기관	특성
세종대	항공시스템 공학	공군	• 항공기 유도무기 로켓 등 항공우주시스템 개발을 연구하는 공학전문가 양성 • 공군조종사 후보생 양성 • 재학 중 군사훈련 없음 • 졸업 후 군사교육 후 장교입관, 비행교육과 입관하고 수료 시 조종병과 장교로 13년 복무 • 조종사는 각종 수당 추가지급, 숙소나 관사 제공 • 비행교육 중 중도 탈락 시 조종병과 이외 장교 7년 복무
아주대	국방디지털 융합학	공군	• 일반ICT, 공군특화ICT기술, 군사작전을 융합한 형태의 교육과정 운영 • 공군NCW전장환경 구축 운용과 네트워크기반 사이버전에 대한 최정예 기술 장교 • 재학 중 군사훈련 없음 • 졸업 후 공군 장교 7년 복무 • 전역 후 방위산업체, 국책연구소, 대학 등에 취업하거나 장기복무 신청 가능
영남대	항공운송학과	공군	• 조종병과 시 13년, 그 외 7년 의무복무
	군사학과	육군	• 대구·경북지역 유일의 협약체결 군사학과 • 의무복무 (6년4개월/7년)
원광대	군사학과	육군	• 육군 협약대학 학사 운영평가에서 4년 연속 최우수학과로 평가
조선대	군사학과	육군	• 조선대 학군단과 연계, 령관 장교 및 장군을 가장 많이 배출한 대학
청주대	군사학과	육군	• 군사학과 전용 건물인 보유하고, 최첨단 군사교육환경을 구비 • 졸업인증제(공인영어성적(토익 700점 이상), 한자(2급 이상), 정보처리자격증, 태권도 1단 이상 등)를 통해 우수하고 자신감 넘치는 장교를 양성
충남대	해양안보학 전공	해군	• 국립대 유일한 해군학 관련 전공학과 • 해기사 등 자격증 취득도 지원해 전역 후 다양한 취업기회 보장 • 졸업 후 군사훈련 후 해군 소위 7년 복무 • 의무복무 후 항해사나 항공기 조종사 등 전문영역 진출 가능

표 이어서 ▶

학교	학과	협약기관	특성
한양대 에리카	국방정보공학	해군	• 미래 해군이 필요로 하는 융합형 ICT 전문인력을 양성하기 위해 해군과 협력으로 설립 • 정보통신과 컴퓨터공학 기반의 프로그램운영, 현장지향형 산학교육을 지향 • 국방과학관련 정보통신 산업분야에서 엔지니어로 근무 • 재학 중 군사훈련 없음 • 졸업 후 군사교육 후 해군 장교로 7년 복무

나. 계약형 군사(군 관련)학과 선발

1) 군사학과

육군과의 계약에의해 선발되고 있는 7개 군사학과(건양대, 경남대, 대전대, 영남대, 원광대, 조선대, 청주대)는 2024년 수시모집으로 262명(남학생 211명, 여학생 51명)을 모집하고, 단국대(해병대군사학과)30명을 포함하여 총 292명을 선발한다.
대전대 군사학과에서만 58명(남 37/여 21)을 모집하고 나머지 대학에서는 34명씩(남 29/여 5) 모집한다.

군사학과 지원 시 중요한 사항은 군장학생 계약학과 입학전형의, 면접과 체력검정 날짜가 같다는 점이다. 즉, 결과적으로 1차에서 통과하더라도 2차 시험은 모두 동일한 기간에 실시하기 때문에 8개 군사학과 중 한 곳만 갈 수 있다.

<표III-4> 계약형 군사학과 2024 전형 방법(수시모집)

학교	학과	인원	전형	전형방법	비고
단국대	해병대 군사학과	30	학생부교과우수자	• 1단계(4배수): 교과 100% • 2단계: 교과 90+서류 10 P/F(인성검사, 신체검사, 면접, 신원조회)	국, 수, 영, 탐구(사탐/과탐 중 1개 과목), 한국사 중 4개 영역 평균 3등급 대(~3.99) 이내
건양대	군사학과	29(남)/5(여)	군사학 전형 (학생부교과)	• 1단계: 학생부 100%(5배수) • 2단계: 1단계 70%+체력검정 10%+면접 20%	국, 수, 영, 탐(1) 중 3개영역 합 15등급
경남대		29(남)/5(여)			
대전대		37(남)/21(여)			
영남대		29(남)/5(여)			
원광대		29(남)/5(여)			
조선대		29(남)/5(여)			
청주대		29(남)/5(여)			

군사학과는 수시모집에서 군사학특별전형으로 7개 대학이 모두 동일하게 학생부교과전형으로 선발하는데, 단국대를 제외한 단계별 전형 방법은 다음과 같다.

- 1단계: 학생부 100%(5배수)
- 2단계: 1단계 70%+체력검정 10%+면접 20%
  ※ 실질반영비율: 1단계 27.2%+체력검정 24.3%+면접 48.5%

특히 체력검정과 면접의 명목 비중이 각각 10%와 20%이지만, 실질 반영비율은 체력검 24.3%, 면접 48.5%로 매우 높게 나타난다.

군사학과 학생부 반영은 대부분 대학에서 교과 성적 660점(94.3%)+비교과 성적(출결) 40점(5.7%)=700점(100%)으로 반영하며, 반영 교과목은 전체 학년 · 학기 중 국어, 영어, 수학, 사회 · 과학의 각 교과군별 최우수 2과목씩(총 8과목) 반영한다.

단국대 해병대 군사학과의 선발 방식은 다음과 같다.

- 1단계(4배수): 학생부 100%
- 2단계: 교과90+서류10
  ※ P/F(인성검사, 신체검사, 면접, 신원조회)

<표III-5> 계약형 군사학과 2024 전형 방법(정시모집)

학교	학과	인원	군	전형방법	비고
단국대	해병대 군사학과	수시 이월시	가군	• 1단계(4배수): 수능 100% • 2단계: 수능90+서류10 P/F(인성검사, 신체검사, 면접, 신원조회)	국, 수, 영, 탐구(사탐/과탐 중 1개 과목), 한국사 중 4개 영역 평균 3등급대(~3.99) 이내
건양대	군사학과	6		• 1단계: 수능 100%(5배수) • 2단계: 1단계 70%+체력검정 10%+면접 20%	국, 수, 영, 탐(1) 중 3개 영역 합 15등급
경남대		6			
대전대		8			
영남대		6			
원광대		6			
조선대		6			
청주대		6			

정시모집에서 모든 군사학과는 가군에서 모집한다. 단국대(해병대 군사학과)는 수시 이월 시 모집하고, 대전대는 8명을 모집한다. 이 외 6개 대학의 군사학과에서는 모두 동일하게 남학생 6명씩을 모집한다.

단계별 전형으로 1단계에서 수능성적 100%로 5배수 선발하고, 2단계에서 1단계 성적과 체력검정 및 면접 점수를 합산하여 선발한다.

수능성적 반영 방법은 2023학년도 국 35.7%, 수 35.7%, 영 28.6% 반영하였으나, 2024학년도부터 모두 동일하게 국, 수, 영, 탐(1) 중 택 3개 영역 각 33.3%씩 반영한다.

군사학과는 정시모집이지만 수시모집과 동일하게 3개 영역 합 15등급의 수능최저학력기준을 적용한다는 것이 특징이다(단국대는 4개 영역 평균 3등급대). 즉, 군사학과를 희망하는 수험생은 교과 성적뿐 아니라, 체력과 면접 및 수능 준비까지도 병행해야 한다.

2) 군 관련 학과

군 관련 계약학과 7개 모집단위는 모두 군 의무복무형 계약학과로 정원 외 선발을 진행한다. 계약학과를 정원 외로 선발하는 이유는 계약학과는 별도 설치/운영 규정에 근거해 운영되기 때문이다.

2024학년도 대입에서 군 계약학과로 선발하는 곳은 6개교 7개 모집단위이다. 수시모집에서 163명, 정시모집에서 52명을 모집한다.

<표Ⅲ-6> 계약형 군 관련학과 2024 전형 방법(수시모집)

학교	학과	인원	전형	전형방법	비고
고려대	사이버국방	5	종합	• 1단계: 서류 100(5배수) • 2단계: 1단계 60+면접 20+기타 20(군 면접, 체력검정 등)	국, 수, 영, 탐(2) 중 4개 합7, 한4
		일반 13 해킹방어 2	특기자	• 1단계: 서류 100(3배수) • 2단계: 1단계 60+면접 20+기타 20(군 면접, 체력검정 등)	
세종대	국방시스템 공학	32	종합	• 1단계: 서류 100(3배수) • 2단계: 1단계 80+면접 10+체력 10(해군전형(합/불)(신체, 인성검사, 신원조회))	
세종대	항공시스템 공학	20	교과	• 1단계: 서류 100(3배수) • 2단계: 1단계 80+면접 10+체력 10(공군전형(합/불)(신체, 인성검사, 신원조회))	국, 수, 영 3개 합 9, 한국사3
아주대	국방디지털 융합학	23	실기/실적	• 1단계: 서류 100(3배수) • 2단계: 1단계 70+면접 30+신체검사, 체력검정, 신원조회(합/불)	
영남대	항공 운송학과	16	교과	• 1단계: 서류 100(5배수) • 2단계: 1단계 100+체력, 면접 등(합/불)	국, 수, 영 3개 합 9, 한국사3
충남대	해양안보학 전공	32	종합	• 1단계: 서류 100(4배수) • 2단계: 서류 57.1+면접 28.6+체력평가 14.3 +신체, 인성검사, 신원조회(합/불)	
한양대 에리카	국방정보 공학	20	종합	• 1단계: 서류 100(4배수) • 2단계: 서류 70+해군본부주관평가 30	

수시모집을 전형별로 살펴보면 학생부종합전형 4개교 89명, 학생부교과전형 2개교 36명, 실기실적전형 2개교 38명이다. 단, 실기실적전형의 경우 예체능 모집단위와 달리 별도의 실기고사를 진행하지 않고 면접, 군 주관평가 등을 진행하여 학생부종합전형과 유사하다고 볼 수 있다.

전형 방법은 대부분 1단계에서 교과 성적 또는 학생부종합평가로 일정 배수(3~5배수)를 선발한 뒤 2단계에서 면접, 체력검정 등을 진행하는 방식이다. 면접과 체력검정 성적이 합격·불합격 판정 용도로만 활용되는 경우도 있으나, 일정 비율로 반영되는 경우가 대부분이다.

고려대(종합), 세종대(교과), 영남대(교과)에서는 수능최저학력기준을 적용하기 때문에 수능 준비를 병행해야 한다.

① 고려대 사이버국방학과

20명(학종 5명, 특기자 15명)

고려대 사이버국방학과는 국방부 후원하에 설치된 계약학과이며 정원 외로 선발한다. 졸업 후 사이버사령부 등의 기관에서 7년간 장교로 의무복무하게 된다. 2024학년에 학생부종합전형 5명, 실기/실적(특기자 일반) 13명, 특기자 해킹방어 2명으로 총 20명을 모집한다.

학생부종합전형은 1단계에서 서류 100%(5배수)로 선발한 뒤 2단계에서 1단계 60%+면접 20%+기타 20%로 선발한다. 특기자전형은 1단계 선발배수가 3배수인 점만 다르고 그 외는 학생부종합전형과 동일하다. 수능최저학력기준은 학생부종합전형에만 적용한다.

* 수능최저: 국, 수(미/기), 영, 탐(과, 2과목 평균) 4개합 7이내, 한국사 4이내

수학은 미적 또는 기하, 탐구는 과탐을 반영한다. 탐구는 반드시 2개 과목에 응시하고 서로 다른 2개 분야에 응시하는 경우만 인정한다. 2단계에서 20%로 반영하는 기타 사항은 신원조회, 인성검사, 신체검사, 체력검정, 군 면접평가 등이다.

2023학년도 경쟁률은 종합 6.20:1, 실기실적(특기자 일반) 4.23:1, 해킹방어 8.0:1이었다.

② 세종대 국방시스템공학과

32명(학생부종합)

세종대의 국방시스템공학은 해군과의 협약에 의해 설치/운영되는 장교 채용조건형 계약학과이다. 2023대입에서는 교과전형으로 모집했지만 2024대입에서 학생부종합전형으로

32명 모집한다.

국방시스템공학은 1단계에서 서류 100%(3배수)로 선발한 뒤 2단계에서 1단계 80%+면접 10%+체력검정 10%로 선발하며, 여기에 합격/불합격 형태로 해군전형을 반영한다. 해군전형은 신체검사, 인성검사, 신원조회가 해당된다. 단 면접은 대학 또는 해군에 의한 평가가 반영된다.

2023학년도 경쟁률은 남 5.46:1, 여 9.75:1로 전체 6.03:1이었다.

③ 세종대 항공시스템공학과

20명(학생부교과)

세종대의 항공시스템공학은 공군과의 협약에 의해 설치/운영되는 장교 채용조건형 계약학과이다.

학생부교과전형으로 선발하며, 1단계 교과 100%(5배수)으로 선발한 뒤 2단계에서 1단계 합격자에 대해 공군전형으로 합격/불합격을 판정한다. 공군전형은 면접 체력검정 신체검사 적성검사 신원조회다. 항공시스템의 경우 수능최저학력기준을 적용한다.

* 수능최저: 국, 수, 영 3개합 9이내, 한국사 3이내

2023학년도 경쟁률은 9.53:1이었다.

④ 아주대 국방디지털융합학과

23명(실기/실적)

아주대 국방디지털융합학과는 공군 ICT 기술 장교를 양성하기 위해 공군과의 협약에 의해 설치/운영되는 장교 채용조건형 계약학과이다.

2024학년도에는 실기실적(국방IT우수인재1)전형으로 정원 외 23명을 모집한다.

1단계 서류종합평가 100%(3배수)로 선발한 뒤 2단계에서 1단계 70%+면접 30%로 선발한다. 여기에 신체검사 체력검정 신원조회는 합격/불합격으로 판정한다. 수능최저는 적용하지 않는다.

2023학년도 경쟁률은 5.70:1이었다.

⑤ 영남대 항공운송학과

16명(학생부교과)

영남대 항공운송학과는 국제적 수준의 전문 조종인력을 양성을 위해 공군과의 협약에 의해 설치/운영되는 계약학과이다.

항공운송학과는 남자 15명, 여자 1명으로 총 16명을 모집한다. 1단계에서 학생부 100%(5배수)로 선발한 뒤 2단계에서 체력검정 면접고사 신체검사 적성검사 신원조회로 합격/불합격 판정한다. 학생부 성적은 교과 90%+출결 10%다.

* 수능최저: 국, 수, 영 3개합 9이내, 한국사 3이내

2023학년도 경쟁률은 남학생(13명 모집) 10.77:1, 여학생(1명 모집) 8:1, 총 10.57:1이었다.

⑥ 충남대 국가안보융합학부(해양안보학)

32명(학생부종합)

충남대 국가안보융합학부 해양안보학전공은 계약학과로서 정원 외 선발을 진행한다. 2024대입에서 학생부종합전형으로 32명을 모집한다.

1단계에서 학생부 100%(4배수)로 선발한 후, 2단계에서 학생부 57.1%+면접 28.6%+체력평가 14.3%+해군주관평가(합/불)로 반영한다.

2023학년도 경쟁률은 남학생(24명 모집) 3.54:1, 여학생(4명 모집) 8:1, 총 9.0:1이었다.

⑦ 한양대ERICA 국방정보공학과

20명(학생부종합)

한양대ERICA 국방정보공학과는 2023학년도에는 학생부교과전형으로 모집하였으나, 2024학년도는 학생부종합전형으로 남학생 18명, 여학생 2명을 모집한다.

1단계에서 학생부종합평가 100%(4배수)로 선발한 뒤, 2단계에서 1단계 70%+해군본부주관평가 30%로 반영한다. 2단계에서 유일하게 해군주관평가를 비율 반영하는 특징이 있다. 해군 주관평가는 면접 체력검정 신체검사 인성검사 신원조사가 포함된다. 2023학년까지 적용하던 수능최저는 2024학년도 폐지했다.

2023학년도 경쟁률은 남학생(18명 모집) 4.5:1, 여학생(2명 모집) 10:1, 총 5.05:1이었다.

<표III-7> 계약형 군사학과 2024 전형 방법(정시모집)

학교	학과	인원	전형	전형방법	비고
고려대	사이버국방	10	가군	수능 80+기타 20(신원조회, 인성검사, 신체검사, 체력검정, 군 면접평가)	국, 수, 영, 탐(2) 중 4개 영역 합7, 한4
세종대	국방시스템공학	8	가군	• 1단계: 수능 100(4배수) • 2단계: 1단계 80+면접 10+체력검정 10+해군전형(합/불)	
세종대	항공시스템공학	5	가군	• 1단계: 수능 100(4배수) • 2단계: 1단계 100+공군전형(합/불)	
아주대	국방디지털융합학	7	나군	• 1단계: 수능 100(5배수) • 2단계: 1단계 80+면접 10+신체검사, 체력검정, 신원조회(합/불)	
영남대	항공운송학과	4	가군	• 1단계: 수능 100(5배수) • 2단계: 1단 100+체력, 면접 등(합/불)	
충남대	해양안보학전공	8	가군	• 1단계: 수능 100(4배수) • 2단계: 1단계 84.6+면접 14.1+체력평가 1.3+신체, 인성검사, 신원조회(합/불)	
한양대 에리카	국방정보공학	10	가군	• 1단계: 수능 100(4배수) • 2단계: 1단계 70+해군본부주관평가30	

정시모집에서는 아주대 국방디지털융합학과(나군)를 제외하면 모두 가군에서 모집한다. 가군 45명, 나군 7명이다.

충남대 국가안보융합학부 내에는 국토안보학 전공과 해양안보학 전공이 있는데, 이 중 해양안보학만 해군 계약학과로 정원 외로 선발한다.

전형 방법은 수시모집과 마찬가지로 대부분 1단계에서 수능 성적으로 일정 배수(4~5배수)를 선발한 뒤 2단계에서 면접, 체력검정 등을 진행하는 방식이다. 단, 고려대 사이버국방학과는 단계별이 아닌, 일괄합산 방식을 취하며 수능최저학력기준을 적용한다.

군 계약학과는 전문적 지식과 덕성을 겸비한 육/해/공군의 기술 장교 육성을 목표로 한다. 그렇기 때문에 군 계약학과 지원을 준비하는 수험생은 면접과 체력검정 기준 등을 미리 파악해 준비해야 한다.
이들 학과는 합격생 전원에게 대학 졸업 시까지 등록금 전액을 군에서 지급한다. 대신 장학금 수령기간인 학부 4년에 의무복무 3년을 더해 총 7년간 의무복무를 해야 한다. 만약 중간에 이탈할 경우 장학금을 다시 환급해야 하므로 지원 시 신중히 고민해야 한다.

군 협약학과

가. 협약형 군사(군 관련)학과 현황

협약학과는 입학 이후 별도의 시험을 치러 합격해야 군장학생이 될 수 있다. 군과 협약이 이루어졌기 때문에 일정 수 이상을 군장학생으로 선발하고 있으며, 군의 인사관리와 학술교류, 위탁교육 등이 활발하게 이루어진다는 장점이 있다.

또한 군 장교 시험 응시 시 가산점을 받을 수 있어 타 대학에 비해 합격이 유리하며, 군 위탁교육이나 방문 등의 지원을 받을 수 있고 학 · 군간 교류 협력이 수월하다.

협약형 군사학과에는 해병대와 협약한 극동대(군사학과), 경운대(군사학과)가 있으며, 해군과 협약이 되어 있는 목포해양대(해군사관학부), 육군과 협약된 동양대(정보통신), 상명대(국가안보), 서경대(군사학과), 충남대(국토안보학) 등이 있다.

특히, 충남대 국가안보융합학부 내 해양안보학은 해군 계약학과인 반면, 국토안보학전공은 계약학과가 아닌 육군 협약학과이다.

<표III-8> 협약형 군사(군 관련)학과

학교	학과	협약기관	특성
극동대	군사학과	해병대	• 충청지역 4년제 대학 중 유일하게 해병대사령부와 군사학 학·군 교류협약을 체결, 해병대 군 가산복무지원금 지급 대상자 선발 시 가점 혜택 • 육군본부·공군본부·공군사관학교·육군 제7군단사령부·육군정보학교·육군항공작전사령부·공군군수사령부·공군19전투비행단·공군항공우주의료원 등과 학·군 교류협약을 체결
경운대	군사학과	해병대	• 학과 개설 8년간 전원 장교 임관 • 군사학과만의 특성화 장학금을 지급하고 있으며, 다양한 형태의 졸업인증제, 해외어학연수 실시, 재학생 전원 군사학 전공을 할 수 있는 학사 운영
동양대	정보통신학과	육군	• 육군과 협약이 체결된 국내 최초의 이공계 군사학과 • 군 전역 후에도 방위산업체, 국방과학연구소 등 군 관련 연구기관에 우선적으로 진출 가능
목포해양대	해군사관학교	해군	• 해군장교와 해기사 진출 중 하나를 택할 수 있음 • 국내 해양계 대학 최초로 대한민국 해군과 학·군 교류협정 체결 • 해군장교 진출을 원하는 학생은 장교장학생 선발 시(1·2·3학년) 학·군 교류협정 체결에 따라 가산점 혜택
상명대	국가안보학과	육군	• 남학생은 입학과 동시에 군장학생 신분 • 여학생은 2학년 때 응시하는 ROTC선발 시험, 4학년 때 응시하는 학사사관 시험 체계적 준비 환경 • 자격증 취득, 시험 응시 등에 필요한 비용 지원
서경대	군사학과	육군	• 서울지역에서 최초로 개설 군사학과 • 임관 후 장기복무자 군 진출기회 부여(적성에 맞는 군과 적성에 맞는 병과 선택 등 멘토교수 1:1 진로 지도, 임관 후에도 동기 및 선배들과 유대강화로 서로 끌어주고 밀어주는 관계 구축)
충남대	국토안보학전공	육군	• 육군본부의 협약에 근거하여 개설한 국립대 최초의 군사학 관련 전공 • 충남대학교 학군단(ROTC) 지원 가능 • 충남대학교 학군단에 여학생이 최종 합격 시 3, 4학년 등록금 전액 지원

① 극동대 군사학과

45명(학생부종합)

극동대 군사학과는 수시모집에서 학생부교과 일반 31명, 교과우수자전형 10명, 기회균형전형 4명으로 총 45명을 모집한다.

일반학생전형과 기회균형전형은 학생부 60+면접 40으로 선발하며, 교과우수자전형은 학생부 100으로 선발한다.

정시모집에서는 수능 60+면접 40 반영하여 1명을 모집한다.

2023학년도 수시 경쟁률은 39명 모집에 1.44:1이있다.

② 경운대 군사학과

40명(학생부교과)

경운대 군사학과는 수시에서 학생부교과전형으로 40명을 모집하며, 수시 이월인원 발생 시 정시 모집한다.

수시모집은 일괄합산으로 학생부 70+면접 30으로 선발한다.

2023학년도 수시 경쟁률은 40명 모집에 2.22:1이었다.

③ 동양대 정보통신학과

41명(학생부교과)

동양대 정보통신학과는 수시모집에서 군사학전형으로 40명, 지역인재전형으로 1명을 모집한다. 정시에서는 수시 이월 시 모집한다.

지역인재전형은 학생부 100으로 선발하는 반면, 군사학전형은 학생부 50+면접 30+체력 20으로 선발한다.

2023학년도 경쟁률은 1.68:1이었다.

④ 목포해양대 해군사관학과

27명(학생부교과)

목포해양대 해군사관학과는 학생부우수자전형으로 남 17, 여 3명을 모집하고 누구나전형으로 남 3명, 여 1명을 모집하고, 지역인재전형으로 남 3명을 모집한다.

전형 방법은 학생부 100(교과 90+출결 10)으로 선발한다. 학생부우수자전형과 누구나전형은 국, 수, 영, 탐(2) 중 2개 합 10등급, 지역인재전형은 11등급의 수능최저학력기준을 요구한다.
2023학년도 경쟁률은 남 18명 모집에 3.39:1, 여 3명 모집에 4.67:1이었다.

⑤ 상명대 국가안보학과

32명(수시-학생부교과/정시)
상명대 국가안보학과는 수시모집으로 18명, 정시모집으로 14명을 모집한다.
수시모집은 고교추천전형으로 2023학년도 단계별 전형과 면접고사가 있었으나, 2024학년도부터는 일괄합산에 면접고사가 폐지되었다.
* 수시: [일괄합산] 학생부교과 80+체력검정 20+신체검사(합 · 불 판정)
정시모집에서도 체력검정이 10% 반영되며, 면접고사가 폐지되었다.
* 정시: [일괄합산] 대학수학능력시험 90+체력검정 10+신체검사(합 · 불 판정)
2023학년도 수시 경쟁률은 남18명 모집 3.39:1, 여 3명 모집 4.67:1이었으며, 정시 경쟁률은 15명 모집 4.60:1이었다.

⑥ 서경대 군사학과

50명(학생부교과40/정시10)
서경대 군사학과는 수시에서 학생부(내신) 70+체력 10+구술 20을 반영하여 40명을 모집하며, 수능최저학력기준은 적용하지 않는다.
정시는 수능 70+체력 10+구술 20을 반영하며, 타 모집단위와 달리 국/수/영/탐 각 25%씩 반영한다.
2023학년도 수시 경쟁률은 35명 모집 6.69:1이었으며, 정시모집 15명 모집에 2.87:1다.

⑦ 충남대 국토안보학전공

30명(학생부교과11/학생부종합 I 3, 학생부종합 II 12, 정시4)
충남대 국토안보융합학부내 국토안보학전공은 수시모집에서 학생부교과전형으로 11명, 학생부종합전형 I , II 로 각각 3, 12명을 모집하며, 정시모집에서 4명을 모집한다.
학생부종합전형 I 은 서류평가 100%로 선발하며, 학생부종합전형 II 는 단계별로, 1단계에서 학생부 100으로 4배수를 선발한 후, 2단계에서 서류 57.1%+면접 28.6%+체력평가 14.3% 반영하여 선발한다.
체력평가는 국민체력인증센터(국민체력 100) 인증서를 제출 받아 국토안보학전공 및 해군본부 체력평가 기준표에 따라 점수를 부여한다. 신체검사는 공무원 신체검사 시행 후 합불을 판정한다.
학생부교과(국토안보교과전형)는 단계별로 1단계에서 학생부 교과성적 100% 반영하여 5배수를 선발한 후, 2단계에서 교과 71.4%+면접 14.3%+체력평가 14.3% 반영하여 선발한다. 국, 영 및 탐구(2과목 평균) 합산 11등급 이내의 수능 최저학력기준을 요구한다.
정시모집에서는 단계별로, 1단계에서 수능 100으로 3배수를 선발한 후, 2단계에서 수능 85.7%+면접 14.3% 반영하여 선발한다.
2023학년도 경쟁률은 국가안보융합인재전형 남 8명 모집에 9.50:1, 여 2명 모집에 11.50:1이었다. 국가안보학전공 남자 10명 모집에 4.30:1, 여 1명 모집에 9:1이었다.
정시모집에서는 남 13명 모집에 3.23:1, 여 1명 모집에 6:1이었다.

나. 협약형 군사(군 관련)학과 선발

2024학년도 대입에서 군 협약학과로 선발하는 곳은 7개교 7개 모집단위이다. 수시모집에서 237명, 정시모집에서 52명을 모집한다.
2024년 협약형 군사(군 관련)학과 모집 현황은 〈표Ⅲ-9〉 〈표Ⅲ-10〉과 같다.

<표III-9> 협약형 군 관련학과 2024 전형 방법(수시모집)

학교	학과	인원	전형	전형방법	비고
극동대	군사학과	31/4	일반/기회균형 (교과)	• 학생부 60+면접 40	
		10	교과우수자	• 학생부 100	
경운대	군사학과	40	교과	• 학생부 70+면접 30	
동양대	정보통신학과	40/1	교과 (군사학/지역인재)	• 학생부 50+면접 30+체력 20	
목포 해양대	해군사관학교	남 23 여 4	교과	• 학생부 100(교과 90+출결 10)	국, 수, 영, 탐(2) 중 2 개 합 10~11
상명대	국가안보학과	18	교과	• [일괄합산] 교과 80+체력 20+ 신체검사(합·불 판정)	※ 면접고사 폐지 및 일괄합산 시행
서경대	군사학과	40	교과	• 교과 70+구술 20+체력 10	
충남대	국토안보학전공	11	교과	• 1단계: 학생부 100(2배수) • 2단계: 서류 57.1+면접 28.6+ 체력 14.3	
		3	종합 I	• 학생부 100	
		12	종합 II	• 1단계: 학생부 교과 100(5배수) • 2단계: 학생부 71.4+면접 14.3+ 체력 14.3	국, 영 및 탐(2) 합 11

<표III-10> 협약형 군 관련학과 2024 전형 방법(정시모집)

학교	학과	인원	군	전형방법	비고
극동대	군사학과	1	나군	수능 60+면접 40	
경운대	군사학과	이월	나군	수능 70+면접 30	
동양대	정보통신학과	수시 이월	나군	수능 50+면접 30+체력 20	
목포해양대	해군사관학교	남 2 여 1	가군	수능 100	
상명대	국가안보학과	14	나군	[일괄합산] 수능 90+체력검정 10+신체검사(합·불 판정)	※ 면접고사 폐지
서경대	군사학과	10	다군	수능 70+구술 20+체력 10	
충남대	국토안보학 전공	4	가군	1단계: 수능 100(3배수) 2단계: 수능 84.6+면접 14.1+체력 1.3	

* 목포해양대 국 10, 수 35, 영 35, 탐 15, 한국사 5

비협약학과

가. 비협약형 군사(군 관련)학과 현황

비협약학과는 군과 협약이 이루어지지 않은 곳을 말한다. 입학 후 군장학생 시험을 치러 개인의 능력으로 군장학생이 될 수는 있지만, 일정 수 이상의 학생을 군장학생으로 선발해야 한다는 규정은 없기 때문에 선발 가능성은 협약학과에 비해 다소 불확실한 편이다. 하지만 군장학생 시험을 통과한다면 협약 군사학과와 비협약 군사학과 간 차이점은 없다. 군장학생의 정식 용어는 "군 가산복무 지원금을 받는 대학생"으로, 모두 군장학생 4년간 등록금을 전액 지원받을 수 있으며, 졸업과 동시에 장교 신분으로 임관한다.
비협약학과이기 때문에 군의 제약으로부터 자유롭다는 점이 오히려 장점이 될 수도 있다. 장교 의무복무를 꼭 해야 하는 것은 아니기 때문에 군무원, 군사전문가, 방위산업체, 국방 관련 공공기관 등 광범위한 취업진로를 가지고 있다. 송원대학교 국방경찰학과는 2024학년도 폐과되고, 경찰행정학과로 변경 모집한다.

비협약형 군사학과 현황은 〈표Ⅲ-11〉과 같다.

<표III-11> 비협약형 군사학과

학교	학과	특성
건양대	국방경찰 행정학부 국방공무원학과	• 국방 및 경찰분야가 함께하는 전국에서 유일한 학부 • 국방공무원(군무원, 장교, 부사관)과 경찰공무원(경찰간부, 교정직, 경호), 일반 공무원 등 다양한 분야에 진출
광주대	국방기술학부	• 지상무기학 전공과 항공정비학 전공으로 구분 • 지상무기학 전공: 기계설계 (산업)기사, 금속 및 재료 (산업)기사, 총포 및 화약 관련분야 (산업)기사 취득 • 항공정비학 전공: 항공(산업)기사, 항공정비사, 항공정비기능사 취득
대구대	군사학과	• 학생들의 적성에 따라 Two Track 수업과 진로 지도 • 학생의 능력과 적성에 따라 인문사회계열과 이공계 분야로 나눠 교육
동명대	군사학과	• 군사학과 최초 원어민 교수에 의한 영어 교육 • 다양한 해외연수 기회 제공(국제교류 프로그램, 미국 A&M 대학 리더십 과정)
동신대	군사학과	• 장교임관 100%
상지대	군사학과	• 강원도 지역 내 신설된 유일한 군사학과
송원대	국방경찰학과 (폐과)	• 전국 유일 국방과 경찰분야 융합학과 • 군 장교(부사관) 양성을 위한 교과 운영 • 경찰 특채 시험을 위한 특성화 과정 운영
신한대	사이버드론봇 군사학과	• 사이버+드론+로봇+군사학을 융합 교육
우석대	군사학과 (전주캠퍼스)	• 군상담심리학과(35사단), 국방학과(7공수여단), 국방정책대학원과 연계해 군사학과 학생들과 군 선배장교간 1:1 멘토링을 시행 • 실제 입영해 군생활 체험하는 병영체험 교과목 운영 • 항공무선통신사, 헬기 조종사 면장 등도 취득 가능
	군사안보학과 (진천캠퍼스)	• 유연학기제를 통해 2주일 동안 집중 군인화 과정 운영 • 국정원, 한국국방연구원, 국방과학연구소 등 군 관련 정부기관이나 군무원으로도 진출 가능
	군사기술학과 (진천캠퍼스)	• 육·해·공군·해병대 가운데 원하는 군의 장교로 임관 • 시뮬레이터를 활용한 최첨단 교육 • 무기체계 운영과 개발 전문가로 육성
초당대	군사학과	• 2009년 창설(비협약 군사학과 중 가장 오랜 전통, 첫 영관장교 배출) • 학군단 부재

나. 비협약형 군사(군 관련)학과 선발

① 건양대 국방경찰행정학부

60명(수시: 학생부교과 42, 지역인재 5, 정원 외 6/정시 7)

건양대 국방경찰행정학부는 수시에서 53명, 정시에서 7명 총 60명을 모집한다.

수시모집에서는 학생부교과전형으로 42명을 모집하고, 지역인재전형으로 5명, 정원 외(농어촌, 기초생활수급자)로 6명을 모집한다.

전형 방식은 학생부교과 100%로 모집한다.

정시는 수능 100% 반영으로 가군에서 6명을 모집한다.

2023학년도 수시 경쟁률은 학생부교과전형 38명 모집에 3.71:1이었으며, 지역인재전형 9명 모집에 9.56:1, 농어촌전형 4명 모집에 3.75:1이었다.

정시모집에서는 14명 모집에 1.64:1이었다.

② 광주대 국방기술학부

45명(일반학생 36, 지역학생 9)

광주대학교 국방기술학부는 수시에서 학생부교과전형으로 일반학생 36명, 지역학생 9명 총 45명을 선발한다. 이 외에 수급자 및 차상위계층, 한부모가정에서 정원 외로 9명 이내에서 선발할 수 있다. 정시모집은 수시에서 이월인원 발생 시 선발할 수 있다.

전형별 전형요소 반영비율은 다음과 같다.

- 일반학생: 학생부 100%
- 지역학생: 학생부 70%+면접 30%
- 수급자/차상위/한부모: 학생부 100%

2023학년도와 비교하여 일반학생전형에 있고 지역학생전형에 없던 면접이, 2024학년도에는 일반학생전형에 없고, 지역학생전형에 신설된 것이 특징이다.

2023학년도 수시모집에서는 일반학생 26명 모집에 1.04:1, 지역학생 9명 모집에 1.78:1이었다.

③ 대구대 군사학과

35명(일반학생 27, 지역인재 3, 기회균형 2, 종합 3)

대구대 군사학과는 수시에서 학생부교과전형으로 일반학생 27명, 지역학생 3명, 기회균형 2명을 모집하고, 학생부종합전형으로 3명을 모집한다.

전형 방법은 교과전형은 학생부 100%, 종합전형은 서류 100%로 선발한다.

2023학년도 일반학생(교과)전형은 30명 모집에 5.37:1, 지역인재전형은 5명 모집에 6.20:1, 서류형(종합)전형은 3명 모집에 6.67:1이었다.

④ 동명대 군사학과

40명(교과 38, 정시 2)

동명대 군사학과는 수시에서 학생부교과전형으로 일반(항공/군사)전형으로 38명, 정시전형으로 2명을 모집한다.

전형 방법은 수시 일반(항공/군사)전형은 학생부 50%+면접 40%+체력검정 10%로 선발한다. 체력검정은 윗몸일으키기, 팔굽혀펴기를 측정한다.

정시모집에서는 수능 50%+면접 40%+체력검정 10%로 선발한다.

2023학년도까지 적용되던 수능최저학력기준은 폐지되었다.

2023학년도 일반고(교과)전형은 35명 모집에 2.23:1이었다.

⑤ 동신대 군사학과

40명(교과 38, 정시 2)

동신대 군사학과는 수시에서 학생부교과전형으로만 40명을 선발한다.

전형 방법은 수시 일반전형은 학생부 70(교과 56+출결 14)%+면접 30%로 선발한다.

면접은 인성/지원동기/적성/발전가능성 등을 평가한다.

2023학년도 일반고(교과)전형은 40명 모집에 1.55:1이었다.

⑥ 상지대 군사학과

50명(교과 35, 종합 15)

상지대 군사학과는 수시에서 학생부교과전형으로 35명, 종합전형으로 15명을 선발한다.

전형 방법은 교과전형은 학생부 100, 종합전형은 교과 40+비교과 60으로 선발한다.
2023학년도까지 반영하던 출결은 2024학년도부터 미반영된다.
2023학년도 교과전형은 46명 모집에 3.41:1이었다.

⑦ 신한대 사이버드론봇군사학과

20명(교과 13, 정시 7)

신한대 사이버드론봇군사학과는 수시에서 학생부교과전형으로 13명, 정시로 7명을 선발한다.
전형 방법은 수시 교과전형은 학생부 60+면접 40으로 선발하며, 교과성적은 우수 10개 과목을 반영한다.
나군에서 다군으로 모집군을 옮긴 정시전형은 수능성적 100%로 선발하되, 수능성적 반영방식은 다음과 같다.
* 최우수영역 50%+두 번째 우수영역 30%+세 번째 우수영역 20%(탐구영역은 1개만 반영)
2023학년도에는 사이버드론봇군사학과 교과전형은 23명 모집에 4.74:1이었으며, 정시 8명 모집에 3.25:1이었다.

⑧ 우석대 군사학과/군사안보학과/군사기술학과

50/45/40명

우석대는 군사학과/군사안보학과/군사기술학과에서 면접중심전형과 교과중심전형으로 각각 39/11, 19/26, 14/26명씩 모집한다.
교과중심전형은 교과성적 100으로 선발하며, 면접중심전형은 단계별 전형으로 1단계 교과 100으로 4배수를 선발한 후, 2단계에서 1단계 70+면접 30으로 선발한다.
2023학년도 경쟁률은 면접중심전형에서 군사학과 36명 모집에 2.69:1, 군사안보학과 20명 모집에 0.95:1, 군사기술학과 15명 모집에 1.13:1이었다.
교과중심전형은 군사학과 15명 모집에 5.93:1, 군사안보학과 21명 모집에 2:1, 군사기술학과 16명 모집에 1.69:1이었다.

⑨ 초당대 군사학과

27명(교과)

초당대 군사학과는 수시전형에서 학생부교과전형으로 27명을 선발한다.

전형 방법은 학생부 성적 100%로 반영하되, 교과성적은 국/영/수, 사, 과 교과 각 상위 2과목씩 총 6과목의 성적을 반영한다.

2023학년도 27명 모집에 1.52:1이었다.

<표III-12> 비협약형 군사(군 관련)학과

학교	학과	인원	전형	전형방법	비고
건양대	국방경찰 행정학부 국방공무원 학과	60	학생부교과 지역인재 정원 외(농어촌, 기초수급자) 일반학생(정시)	• 수시: 학생부교과100% • 정시: 수능 100%	
광주대	국방기술학부	45	일반학생(교과) 지역학생	• 일반학생: 학생부 100(교과성적 90+출결 10) • 지역학생: 학생부 70(교과성적 63+출결 7)+면접 30	
대구대	군사학과	35	교과(일반/지역인재/기회균형)종합	• 교과: 학생부 100 • 종합: 서류평가 100	
동명대	군사학과	40	일반(군사학과)전형 정시	• 수시: 학생부 50+면접 40+체력검정 10 • 정시: 수능 50+면접 40+체력검정 10	
동신대	군사학과	40	학생부교과(일반)	• 학생부 70(교과 56+출결 14)%+면접 30	
상지대	군사학과	51	교과 35/종합 16	• 교과전형: 학생부 100, • 종합전형: 교과 40+비교과 60	
신한대	사이버드론봇 군사학과	20	일반(교과) 13/정시 7	• 교과: 교과 60+면접 40 • 정시: 수능 100%	
우석대	군사학과 (전주캠퍼스)	50	면접중심 39 교과중심 11	• 면접중심: • 1단계-교과 100(4배수) • 2단계-1단계 70+면접 30 • 교과중심: 교과 100	
	군사안보학과 (진천캠퍼스)	45	면접중심 19 교과중심 26		
	군사기술학과 (진천캠퍼스)	40	면접중심 14 교과중심 26		
초당대	군사학과	27	일반전형(교과)	학생부 100	

PART

04

군사학과 학과장님 인터뷰

건양대 군사학과

윤형호 교수님(현 건양대학교 군사학과 교수, 군사학과 학과장, 전 군사경찰대학 학장)

Q) 건양대학교 군사학과의 특징과 장점은 무엇인가요?

A) 우선 남녀 학생 전원 육군 소위로 임관하고, 중/장기 복무자로서 근무할 수 있고, 다음과 같은 장점이 있습니다.

- 파격적인 장학금(2~3중 수혜): 육군 군가산복무지원금, 국가/대학 장학금 동시 수혜
- 전원 복수전공 이수
- 국제지역전문가 프로그램에 의해 1~2개 학기 해외연수 가능
- 4년간 전원 기숙사 입사 / 계룡대 및 육군훈련소 등 최고의 국방 인프라 교육환경 활용 가능
- 장기복무로 선발 시 20년 이상 복무 보장으로 연금 수혜 가능
- 차별화된 졸업인증 잠재역량교육프로그램으로 대한민국 최고 수준의 장교로서의 역량 함양
  - 졸업인증 요건: 토익 800, 오픽 IM3, 체력 특급, 컴활 2급, 한자 2급, 무도 유단, 독서 60권
  - 2022. 2. 졸업생(43명) 외국어 역량: 토익 평균 831점, 오픽 IH 36명
- 장기복무 최다 선발 및 졸업인증 우수 등으로 명품 군사학과 명성 정평
  - 육군본부 학사운영평가 12년 연속 최우수(Green) 평가
- 중기복무 후 전역 시 복수전공에 의한 취업 및 교수/군무원, 예비군 지휘관·비상기획관 등 취업 가능

Q) 건양대학교 군사학과에서는 구체적으로 무엇을 배우나요?

A) 크게 세 가지로 요약할 수 있습니다.

- 첫째, 군사학과 졸업 시 군사학 학사 학위를 받습니다.

군사학은 군사기초 소양, 안보, 군사력 운영 및 유지, 군사력 건설 및 개발, 기타 군사 관련 외국어, 체육 등 교과목을 배워 장차 군의 중견 간부로서의 역량을 향상시켜줍니다.

- 둘째, 군사학과 학생은 군사학 전공 이외 별도의 전공을 이수해서 복수 학위를 받고 졸업합니다. 군 장교로서의 다양한 병과를 선택하거나 언젠가 사회로 나왔을 때 관련 분야에서 자신의 역량을 펼칠 수 있도록 하기 위함입니다.
- 셋째, 군사학과에서는 특히 높은 수준의 졸업인증을 통과하여 군 및 사회 지도자로서의 기본역량을 구비할 수 있습니다.

Q) 건양대학교 군사학과를 졸업하면 어떤 일을 하게 되나요?

A) 군의 고급장교 복무가 기본이지만 다음과 같은 일을 할 수 있습니다.

- 우선 육군의 중기복무 장교로 기본적으로 중대장(육군 대위)으로서 임무를 수행합니다.
- 장기 복무를 통하여 군의 중견 및 고급장교로 진출 가능하고, 5년차 전역 후 사회진출도 가능합니다.
- 안정된 급여, 주택 지원 및 신분을 보장받습니다.
  - 기혼자, 미혼자 숙소 각급 부대별로 제공, 결혼하더라도 집 걱정 불필요
- 군 간부로서 다양한 복지혜택을 받습니다(군 골프장 등 체육시설, 골프 등 운동시설, 자녀 기숙사, 학자금 지원 등).
- 복무 기간 국내외 대학에서 국비 지원으로 석사, 박사 학위 및 어학/전문교육 취득 가능합니다.
- 해외 파병/무관 등 다양한 해외근무 및 각급 연구/학교기관의 연구/교수요운으로 진출 가능합니다.
- 군에서 제대 이후 사회로 진출 시 군과 관련된 분야의 교수, 연구원, 군무원, 예비군부대 지휘관, 비상기획관 등 취업이 가능합니다.

Q) 군사학과를 지망하는 학생에게 필요한 역량과 길러야 할 자질은 무엇인가요?

A) 조국의 안보를 짊어질 수 있는 건강한 정신과 육체를 갖춘 청년, 장교로서 부대와 장병을 지휘할 수 있는 리더십 역량을 필요로 합니다.

Q) 군사학과 진학을 희망하는 학생들이 고등학교 때 열심히 공부해야 하는 교과와 과목 및 활동 등을 추천해주시고, 그 이유는 무엇인가요?

A) 군사학과 입시는 내신/수능, 2차 체력, 면접평가 및 신체검사 등 2단계로 실시됩니다. 수시는 내신, 정시는 수능으로 선발하지만 수시에서도 수능 최저학력기준을 적용합

니다(2024년도 기준 국, 영, 수, 탐 4과목 중 3과목 합 15등급 이내).

- 선발 점수 1,000점=성적(내신 혹은 수능) 700점+체력 100+면접 200
- 추가적으로 육군 신체검사 기준에서 합격해야 합니다.
- 특히 수시의 경우 내신의 상대적 점수 차이가 적어 체력 점수(과목별 불합 시 0점~100점으로 차이가 큼)도 매우 중요합니다. 틈틈이 달리기, 윗몸일으키기, 팔굽혀펴기 등 준비 필요합니다.

Q) 군사학과 진학을 위해 '면접'을 준비하는 학생들에게 꿀팁을 알려주세요.

A) 대한민국의 건강한 청년으로서 확고한 국가관, 안보관을 바탕으로 적극적이고 자신감 있는 태도가 필요합니다. 일반적인 안보 상식 및 건강한 젊은이로서의 인생관 및 가치관을 준비하세요.

Q) 4차 산업혁명시대 군사학과의 비전은 무엇인가요?

A) 4차 산업혁명과 관련하여 군과 전쟁의 영역에서도 과학기술이 절대적인 영향력을 미치고 있기에 육군의 장교로서 이러한 변화를 이해하고 활용하여 전쟁에서 승리할 수 있는 역량 함양이 필요합니다. 이와 관련하여 건양대 군사학과에서는 관련된 학문적 소양과 자질을 향상시키기 위해서 군사학 교과목에도 4차 산업혁명 분야의 교과목을 개설/강의하고 있으며, 복수전공을 통해서 4차 산업혁명 분야 관련 다양한 전공 심화 기회를 부여하고 있습니다.

단국대 해병대군사학과

이표규 교수님(현 단국대학교 해병대군사학과 학과장)

Q) 단국대학교 해병대군사학과의 특징과 장점은 무엇인가요?

A) 저희 학과는 미래 해병대 장교를 양성하기 위한 학과입니다. 해병대 장교가 되는 길에는 크게 학군(ROTC), 학사, 그리고 해군사관학교 졸업생 등으로 나눌 수 있습니다. 그런데, 대학 입학 시부터 해병대 장교로 정해져 있고, 졸업 시까지 오로지 해병대 장교를 목표로 하는 국내 유일의 학과로 다음과 같은 장점을 가지고 있습니다.

- 대학생활 중 등록금에 해당하는 전액을 장기복무지원금 형태로 지급받을 뿐만 아니라 성적장학금 등 다양한 장학금 수혜를 받을 수 있을 뿐만 아니라, 대학 1, 2학년 기간에는 기숙사를 무료로 제공해주고, 3, 4학년들은 우선 입사권을 보장해주고 있어, 출신 지역에 관계없이 경제적으로 안정된 대학생활이 가능합니다.
- '다전공의무화' 규정에 따라 군사학 학위/제2전공 학위 또는 부전공 명시, 군사학 심화 등 다양한 학위를 수여합니다. 이를 위해 졸업 이수 목표 학점은 140학점이나 개인의 선택에 따라 4년 동안 총 160학점, 성적우수자는 172학점까지 이수할 수 있도록 허용하고 있습니다. 의대, 약대, 치대 등을 제외한 단국대학교 전 과정에 대한 복수전공이 가능하여, 고교 시절의 성적으로는 다소 입학이 어려운 학과에서 복수전공이 가능합니다.
- 1학년 하계 방학 시 병영체험, 동계 산악스키훈련, 2학년 하계 해양훈련(스쿠버 등), 3학년 전장리더십훈련 등 해병대 교육훈련단과 연계된 실전적 체험훈련뿐만 아니라 918서울 수복행사 등 다양한 해병대 행사에 참가하여, 학생 때부터 해병대와 호흡을 같이 함으로써, 조직사랑 정신을 배양하고 있습니다.

- 4학년 때에는 하와이, 오키나와, 필리핀 등 해외군사문화탐방뿐만 아니라 동·하계 해외 주요 대학 어학연수 및 미국, 중국, 일본, 캐나다, 싱가폴, 스페인 등 다양한 국가에 교환학생으로 학업할 수 있을 기회를 부여합니다.
- 그러나 그 무엇보다도 해병대군사학과의 가장 큰 장점은 자유로운 대학생활을 할 수 있다는 것입니다. 개인별 특성에 따라 추구하는 바가 달라, 사관학교처럼 일률적인 교육이 아니라, 다양한 전공을 이수할 뿐 아니라 동아리 활동을 통해 전문성을 키워가고 있습니다. 저는 이러한 자유로움과 개인별 특성화된 노력이 미래 군 생활에서 많은 장점이 있다고 생각합니다. 그중 특히 들고 싶은 것은 자유로운 사고과정을 통하여, 조직에 융통성과 활력을 불어넣을 것으로 생각됩니다. 한 조직을 특정 출신이 장악한다면, 융통성이 제한될 수밖에 없습니다. 우리 학생들은 미래 해병대 조직문화에 새로운 바람을 불러일으킬 것이라고 확신합니다.

Q) 단국대학교 해병대군사학과에서는 구체적으로 무엇을 배우나요?

A) 모든 과정이 해병대 특성과 해병대 장교로서 필요한 과목들로 구성되어 있는 것이 가장 큰 특징이라고 할 수 있습니다. 부언하면, 타 군사학과와 마찬가지로 군사전략/기초 등 군사학, 군대심리, 윤리, 리더십 등 부대지휘, 국방조직/관리체계 등 정책학, 국제관계론/협상 등 국제적 마인드 배양 과목은 유사합니다. 영어, 무도, 체력 등은 졸업인증제를 채택하고 있고, 졸업 시 학사 학위 수여를 위해서는 반드시 논문을 작성하여야 합니다. 저는 이 졸업논문에 많은 비중을 두고 있습니다. 왜냐하면, 옛날에는 공자께서 말씀하신 것처럼 배우고 사유하는 것으로도 충분하였습니다. 하지만, 요즘은 배우고 생각만 해서는 안 되고, 하나의 산물로 만들어 이를 통해 남과 의사소통도 하고, 사회제반 문제를 인식 및 해결책을 제시할 수 있어야 된다고 생각하기 때문입니다.

Q) 단국대학교 해병대군사학과를 졸업하면 어떤 일을 하게 되나요?

A) 학생들은 졸업과 동시 장교 양성과정을 거쳐 전원 해병대 소위로 임관합니다. 임관 시 개인별 특성과 능력을 고려, 보병, 포병, 기갑 등 다양한 병과를 부여받아 해병부대에서 소대장으로 혹은 전투근무지원부대 참모로서 군생활을 시작하여 의무적으로 7년을 복무합니다. 의무복무기간 7년을 마치면, 개인 희망과 부대 인력사정에 따라 장기장교로 전환하거나, 사회에 진출합니다. 17년부터 시작한 1기생 27명의 경우, 22명이 장기복무자로 선발되어, 조만간 영관장교 진출을 앞두고 있습니다. 또한, 사회

진출 시는 해병대와 국방부 주관 전직지원교육과 센터를 통해 일자리를 알선해줌으로써, 조기에 정착할 수 있도록 지원해주기 때문에 큰 어려움 없이 사회에 안착할 수 있을 것이라고 생각합니다.

Q) 해병대군사학과를 지망하는 학생에게 필요한 역량과 길러야 할 자질은 무엇인가요?

A) 해병대 장교는 국군의 사명인 국민의 생명과 재산 보호를 위해 자기 자신을 바칠 수 있는 희생정신으로 무장되어 있어야 합니다. 개인보다는 조직과 국가의 발전을 우선시하는 마음자세는 민족사학 단국대학교의 교시인 '구국', '자주', '자립'의 정신과 해병대 선배들이 정립한 국민의 군대로서의 역사와 전통을 온 몸과 정신으로 배우고 익힘으로써 가질 수 있을 것입니다. 입학 전 해병대 군사학과를 지원하고자 하는 학생은 부모에 효도하고, 친구들과 서로 협동하고, 후배들을 사랑하고 아끼면서 개인의 이익보다는 남을 우선 배려하는 마음자세를 가지는 것이 바람직합니다. 이러한 성향을 가진 학생들은 군사학과 교육을 통해 임관 후 위로는 상관을 존경하고, 아래로는 부하들을 내 몸같이 하나의 인격체로 존중하면서 조직의 단결된 힘을 극대화시켜 조국과 사회를 위해 헌신할 수 있는 진정한 지휘자로 거듭날 것이라고 확신합니다.

Q) 단국대학교 해병대군사학과 진학을 희망하는 학생들이 고등학교 때 열심히 공부해야 할 교과와 과목 및 활동 등을 추천해주세요. 또 그 이유는 무엇인가요?

A) 해병대군사학과에 지원하고자 하는 학생은 고등학교 때, 수능공부를 열심히 하여야 합니다. 왜냐하면, 저희 학과는 특약에 의거, 수능최저기준을 적용하여, 3등급 대(~3.99)까지만 선발하기 때문입니다.

이 외 특별히 학과장으로서 학생들에게 열심히 공부하라고 강조하고 싶은 과목은 국어와 영어입니다. 먼저 국어는 실무 참모, 지휘관 등을 수행 시 각종 보고서 작성 등 언어 및 행정 능력의 기초이기 때문입니다. 전시가 아닌 평시에 가장 중요한 것은 부대지휘에 이어 행정업무 능력은 필수이기 때문입니다. 두 번째, 영어는 전군 중에서 미 해병대와 중대 · 대대급 연합훈련을 가장 많이 수행하기 때문입니다. 영어 등 제2외국어에 능통하다는 것은 미 해병대 보수교육과정 등 유학의 길뿐 아니라 평화유지작전, 심지어 국내외 석 · 박사 학위 과정 수학을 위해서는 필수적이기 때문입니다.

Q) 단국대 해병대군사학과 진학을 위해 '면접'을 준비하는 학생들에게 꿀팁을 알려주세요.

A) 저희 학과 면접은 기본적으로 학생들에게 부담을 주지 않고, 자유롭게 본인의 의사를 발표할 수 있는지에 중점을 두고 실시하고 있습니다. 국가관, 사생관 등 어려운 용어에 대한 이해나 생각에 대한 질문에 답하는 것은 고3 학생들에게 쉬운 일이 아닙니다. 또 거창하게 답을 한다고 그것이 큰 의미를 가진다고 생각하지도 않습니다. 그래서 그 학생이 학과나 대학에서 정상적으로 교수, 선후배, 동료들과 소통할 수 있는 능력이 있는지에 초점을 맞추고 있습니다. 그 외 추가적으로 해병대에 대한 평소 생각이나, 면접 당시 군사문제 등에 대한 개인 의견을 듣고 공감하는 데 목표를 두고 면접고사를 실시하고 있습니다. 따라서 면접은 점수 차 없이, Pass, Fail만으로 평가하고 있습니다.

Q) 4차 산업혁명시대 해병대군사학과의 비전은 무엇인가요?

A) 너무 급격한 변화로 인해 흔히 미래 사회는 예측하는 것이 아니라 이해하는 것이라고 합니다. 그래서 사회학자들은 앞으로의 사회를 초지능화, 초연결사회, 공유사회, 일자리 문제 등으로 특징짓고 있습니다. 이러한 특징 중 가장 우리 젊은이들에게 피부로 느껴지는 중요한 것이 청년 실업 즉 일자리 문제일 것입니다. 아무리 디지털화, 사물인터넷, 메타버스, 인공지능, 빅데이터 등 새로운 개념이 등장하고 그러한 사회로 발전하여도, 안보문제만큼은 전적으로 로봇, 드론 등에게 맡길 수 없는 문제입니다. 4차 산업시대에도 국방안보의 주인은 바로 우리 인간이기에 변하지 않는 직업으로서의 중요성이 바로 군사학과의 비전입니다.

동명대 군사학과

나승학 교수님(현 동명대학교 Do-ing대학 군사학과 학과장)

Q) 동명대학교 군사학과의 특징과 장점은 무엇인가요?

A) 군사학과는 미래 군이 요구하는 특성화된 군사전문가를 양성하는 부산 · 울산지역에서 유일한 군사학과입니다. 부산과 울산의 육 · 해 · 공군 주요 부대가 위치한 지역의 특수성을 활용하여 각 부대와 협약을 체결하여 최상의 교육 및 연구 여건을 구비하고 있습니다. 동명대학교 군사학과 주요 특징 및 장점으로는 다음과 같습니다.

① 국가드론자격증을 무상으로 취득 가능합니다.
4차 산업혁명시대의 핵심 기술 중 하나인 드론 분야 교육에 선도적으로 앞장서고 있습니다. 전국 군사학과 중 최초로 우수 학생들에게 드론국가자격증을 무상으로 취득하도록 하고 있습니다. 타 대학의 경우에는 드론 교육업체를 통해 교육받는 시스템으로, 고액의 교육비가 소요되지만, 동명대 군사학과는 자체 드론교육연구센터가 있습니다. 동명대 군사학과 교수(나승학 교수)가 드론국가자격증을 보유하고 있습니다.
2021.8월부로 한국교통안전공단의 정식인가를 받아, 드론교육연구센터를 운영 중입니다. 육군항공병과 헬리콥터 교관조종사 출신인 항공전문가 교수에 의해서 학생들에게 직접 교육이 가능하여 학생들 입장에서는 무상으로 자격증 취득이 가능합니다.

② 육군, 해병대 장교 출신의 교수, 장교필기평가 전문가 교수 등 전국 최우수 젊은 교수진이 포진해 있습니다. 물론 타 대학의 군사학과와 마찬가지로 군 출신 교수님이 계십니다만, 타 대학과의 차이점은 장교 필기평가 전문 지도가 가능한 교수님(임경원 교수)과 훈육지도 교수님(정태영 교수)이 계신 것이 큰 차이입니다.
수험생 입장에서는 대학교에 진학하여 ROTC 및 학사장교 및 군장학생이 될 수 있지만, 높은 벽을 넘어야 합니다. 장교선발 전형 방법에는 필기시험, 면접, 체력검정을 통과해야 하거든요. 그중에서 비중이 높은 필기시험에 따라 합격 여부가 결정됩니다. 동명대학교 군사학과에서는 필기시험 과목 중에 자료 해석, 언어논리 같은 학생들이 어려워하는 과목을 위한 전문 교수(임경원 교수)를 초빙하여 수준별로 학생들을 지도하고 있습니다. 그 결과 졸업생 전원 육 · 해군 및 해병대 장교로 임관을 시키고 있습니다.

③ 최고의 장학금 혜택이 있습니다(수혜율 56.6%, 반값 등록금). 특히 군사학과만의 별도로 군사학 장학A, B 장학금이 있습니다. 장학기준으로는 다음과 같습니다.

- **군사학장학A**: 군사학과에 입학한 학생 중 수능성적이 우수한 자는 4년간 수업료 전액 지원
  – 국어, 영어, 수학영역 등급 합이 9등급 이내인 자
- **군사학장학B**: 군사학과에 입학한 학생 중 수능성적이 우수한 자는 4년간 수업료 50% 지원
  – 국어, 영어, 수학영역 등급 합이 12등급 이내인 자

④ 동명대 군사학과에서는 Do-ing 실천을 위해서 한라에서 백두까지 프로그램인 학년별 한라산, 지리산, 독도, 백두산 등반과 실무부대에서 병영체험 등을 하게 됩니다.
동명대 군사학과는 창의적 교육으로 미래 대한민국 육군 및 해군, 해병대를 이끌어 나갈 정예 장교를 육성해나가고 있습니다.
이러한 교육환경에서 수학한 졸업생들이 장교 교육기관에서 각 군 참모총장, 교육사령관 등의 표창을 받는 등 우수하게 평가를 받았고, 현재는 전 · 후방 각지에서 매우 성공적으로 군 생활을 하고 있습니다.

⑤ 타 대학의 군사학과와 유사한 다양한 해외 연수 기회를 제공하고 있습니다.

일반대학의 군사학과는 차별성과 특성화 프로그램을 통해서 동명대 군사학과에 입학하여 4년간 학교생활을 한다면, 현재의 선배들처럼 장차 군의 최상의 리더가 될 수 있도록 최고의 리더십을 갖춘 멋진 장교로 성장하도록 지도가 가능한 대학의 군사학과입니다.

Q) 동명대학교 군사학과에서는 구체적으로 무엇을 배우나요?

A) 주요 전공필수 교과목으로 국가안보론, 한국전쟁사, 군대윤리, 북한학, 군사학 연구방법론, 군사학세미나이며, 주요 전공선택 교과목으로 군의사 소통, 잠재역량, 병서강독, 군사법, 군사교육학, 군사영어, 리더십, 군사전략, 군사사상, 세계전쟁사 등 과목이고 4차 산업혁명 시대에 대응하기 위한 교과목으로 무기체계, 국방드론과 로봇, 국가정보의 이해, 워게임 과목과 비교과 과목으로 진로 및 취업대비 군사훈련 체험, '한라에서 백두까지', 드론 조종 및 제작반, 드론축구반 등을 운영합니다.

Q) 동명대학교 군사학과를 졸업하면 어떤 일을 하게 되나요?

A) 지금까지 군사학과에 입학하여 재학 중에 육·해·공군 및 해병대 군장학생(군 가산복무 지원금 대상자) 및 학군단에 선발되어 졸업과 동시에 장교로 임관을 하여 군에서 직업군인 장교로 근무 중입니다. 육군 및 해군, 해병대 장교로 임관하면 소대장부터 근무연수에 따라 중위 진급, 대위 진급 등 직급에 따라 다양하게 관리자로서 근무하게 됩니다. 물론 군별, 병과별 차이가 있지만, 병사들을 관리 및 지도하는 간부로서 생활하게 됩니다.

참고적으로 재학 중에 군장학생 선발 시에는 4년간의 등록금 전액이 일시불로 지급되어, 안정된 대학생활이 가능합니다.

대학 졸업 후 대부분이 임관 시 직업군인으로 진출하게 되며, 특정직 공무원으로서 신분이 보장되고, 군 복무 간 본인과 배우자, 직계가족 무두 국가와 군에서 제공하는 복지혜택을 받을 수 있으며, 20년 이상 복무시 전역과 동시에 군인연금 지급이 보장됩니다.

또한 전역 후에도 군 복무경력을 바탕으로 ADD, KIDA 등 군 관련 연구기관, 경력직 군무원, 주요기업체의 비상기획관, 경력직 공무원 등으로 진출이 가능합니다.

Q) 군사학과를 지망하는 학생에게 필요한 역량과 길러야 할 자질은 무엇인가요?

A) 군사학과에 입학을 위해서는 고교 성적과 체력을 잘 준비해야 합니다. 어느 대학이든 그곳에서 원하는 요소(내신성적, 체력 등)을 가지고 있어야 본인이 진학하는 데 어려움이 없습니다. 또한, 동명대 군사학과는 최초 선발시 체력, 면접 평가를 합니다.

Q) 동명대학교 군사학과 진학을 희망하는 학생들이 고등학교 때 열심히 공부해야 하는 교과와 과목 및 활동 등을 추천해주시고, 그 이유는 무엇인가요?

A) 군 장교가 되기 위해서는 재학 중 장교 선발시험을 통해 예비장교로 임명을 받게 됩니다. 장교 필기평가 과목 중에 자료 해석(수학), 언어논리(국어), 한국사 과목은 중요한 요소로 작용하고 있습니다.

그리고 교과목 외에 중요한 과목을 정한다면 정신전력과 체력이라 할 수 있습니다. 군에서 힘든 상황을 극복하여야 하므로 실전과 같은 훈련을 하게 되는데 혹독한 훈련을 하기 위해서는 강인한 체력이 필수적입니다. 또한 시각적으로 보이지는 않지만, 군인에게 있어 중요한 요소인 무형전투력인 군인정신을 중요시하는데, 이는 어떤 일을 할 수 있다는 자신감의 출발이며, 군인이 되기에 꼭 필요한 요소이기 때문입니다.

Q) 동명대학교 군사학과 진학을 위해 '면접'을 준비하는 학생들에게 꿀팁을 알려주세요.

A) 면접 내용은 타 대학의 군사학과와 유사하며, 지원동기, 자신의 장점과 단점, 장교의 덕목(책임감, 희생정신, 용기 등), 군사학과 학생으로서 어떠한 안보관과 국가관이 필요한지에 대한 답변 정도를 준비하시면 됩니다. 그리고 이러한 면접질문 내용은 사전에 공개됩니다.

Q) 4차 산업혁명시대 군사학과의 비전은 무엇인가요?

A) 4차 산업혁명 시대에 부합하는 미래 전문직업 군인으로 발전할 수 있는 맞춤식 교육을 실시하고 있습니다. 이를 위한 교과목으로 무기체계론, 국방드론 및 로봇, 국가정보의 이해, 워게임 등의 과목을 수강하게 됩니다.

급변하는 국방무기체계의 흐름을 파악하기 위해서 1, 2학년을 대상으로 매년 군엑스포문화 견학 및 체험을 실시하며, 관련 방산업체(현대로템, 한화 등)와 군 관련 기관(육군기계화학교, 해군사관학교, 잠수함사령부 등)을 방문 및 체험활동을 통해 이론으로만 배우던 내용들을 실전적인 식견으로 확대하도록 하고 있습니다.
재학 중에 취득 자격증으로는 드론국가자격증, 전산관련 ITQ, 태권도, 응급처치사, 축구 심판자격증 등을 취득하게 됩니다.

Q) 군사학과와 육군사관학교의 차이점은 어떤 것이 있나요?

A) 군사학과는 대학에 먼저 합격(입학) 후, 재학 중 육군, 해군, 해병대 선발시험에 합격해야 비로소 소위로 임관될 수 있는 자격이 주어집니다.
소위로 임관한 후 대학 재학 중 대학 또는 정부로부터 받는 혜택의 종류 또는 정도에 따라 3년에서 7년간 의무적으로 군 복무를 하며, 이후에는 본인의 희망에 따라 장기복무를 신청하여 선발 시면 장기근무(직업군인)가 가능합니다.
4년제 대학의 군사학과와 사관학교의 차이점은 선발과정, 입학과정, 교육내용, 임관 후 근무기간 등 많은 요소가 있으나 가장 중요한 것은 군사학과는 대학에 재학 중 소위로 임관되기 위한 선발시험을 치러야 한다는 것이며, 사관학교는(육군 · 공군 · 해군사관학교) 사관학교에 입학하여 4년 동안 학업과 훈련을 병행하면서 학사 학위 졸업과 동시에 소위로 임관하게 됩니다.

Q) 직업군인이 되기 위해서는 어떤 사람이어야 하나요?

A) 우리 인간은 환경에 적응하며 타인과의 관계 속에서 살아가는 사회적 동물이기에 먼저 환경변화에 잘 적응하는 유형이 좋습니다.
추가적으로 군인은 자신의 일에 대해 보람을 가지며 스스로를 절제하고 자신의 성격과 성장환경이 다른 타인과의 조화로운 삶이 요구됩니다. 따라서 조직 생활에 적응하고 보람을 가지고 있다면 누구나 가능하리라 여겨집니다.

동명대학교 군사학과와 관련된 기사

- https://news.unn.net/news/articleView.html?idxno=543819(2023년 입과식 행사)
- https://www.sedaily.com/NewsView/26B2KIYK8Q(축구드론)
- https://www.busaneconomy.com/news/articleView.html?idxno=285815(군사연구소 개소)
- http://www.veritas-a.com/news/articleView.html?idxno=439451(한라산, 지리산 등반)
- https://kookbang.dema.mil.kr/newsWeb/20220928/6/BBSMSTR_000000010023/view.do(육군기계화학교)
- http://www.veritas-a.com/news/articleView.html?idxno=431368(해군사관학교 방문)

상지대 군사학과

최기일 교수님(현 상지대학교 군사학과 학과장, 평화안보상담심리대학원 주임교수)

Q) 상지대학교 군사학과의 특징과 장점은 무엇인가요?

A) 2020년에 강원권 지역 유일의 군사학과를 신설한 이래, 한 학년 30명 정원으로 2020학년도 수시모집전형에서 6.56:1 경쟁률을 기록한 이후 2021학년도 수시모집전형에서는 8.8:1 경쟁률로 지난해 입학 경쟁률을 경신한 바 있습니다.
우수한 전임교원 확보 이외에도 교과과정 개편을 통해 높은 입시 경쟁률을 기록한 동시에 제복 착복식 및 승급식, 안보체험 탐방, 정기 단체헌혈, 전문가 초빙 강연 등의 다양한 학과 프로그램을 특화하면서 후발주자임에도 발전을 거듭하고 있습니다.
또한, 군 협약 계약학과로 동 대학 평화안보상담심리대학원 안보학전공 석사과정을 운영 중이며, 군사안보연구소 개소를 준비하고 있습니다. 그리고 2023학년도 입시부터 한 학년 정원을 30명에서 50명으로 증원했습니다.
특히, 국내에서 사관학교와 국방대학교를 중심으로 연구되던 군사학은 2003년 대전대학교 군사학과가 신설된 것을 시작으로 2022년을 기준으로 전국 4년제 일반 종합대학 33개, 전문대학 65개 군사학과 관련 전공학과가 개설되어 있습니다.
향후에는 상지대학교 인근 지역 1만 5천 평 규모의 국방부 소요 토지를 매입할 계획으로 장차 해당 부지에는 군사학관이 별도로 건립될 예정입니다.

Q) 상지대학교 군사학과에서는 구체적으로 무엇을 배우나요?

A) 상지대학교 군사학과는 제복 입은 민주시민이자 문무정예(文武精銳) 군사학도 육성

을 목표로 재학 중 제복을 착용하여 군인기본자세를 함양합니다.
기본적으로 군사학 관련 필수과목인 군사학개론, 국방정책론, 지휘통솔론, 한국사, 전쟁사, 북한학, 무기체계론, 국방체육, 지휘훈육 등 과목을 수강하겠습니다.
또한, 방학기간에는 현장 중심의 병 체험훈련과 함께, 특전사 및 해병대 캠프를 통한 기초군사훈련을 실시하여 강인한 체력과 확고한 국가 안보관을 확립할 수 있도록 교육합니다.
아울러, 졸업인증제를 적용 및 시행하여 각종 어학, 무도, PC 사무 등 관련 자격증 취득 이외에도 다선공(복수진공, 부전공) 선택을 의무화했습니다.
각자의 적성과 희망 진로를 고려한 심화전공 및 전직과정 등에 대비한 맞춤형 교육과정을 통해 차별화된 경쟁력을 확보해 나아갈 계획이며, 군사학과 재학 중 군 가산복무 지원금 지급대상자(군장학생)에 선발될 경우에는 군으로부터 대학 4년 동안 등록금 실비 전액을 지원받을 수 있습니다. 참고로 군 장학금과 대학 장학금은 이중 수혜도 가능하다는 이점이 있습니다.

Q) 상지대학교 군사학과를 졸업하면 어떤 일을 하게 되나요?

A) 상지대학교 군사학과는 졸업 후 직업군인 양성을 통한 군 장교, 부사관, 군무원, 방산업체 등으로 진출하게 됩니다. 구체적으로 본인 희망에 따라 육 · 해 · 공군, 해병대 학군사관후보생(ROTC) 및 학사장교에 지원하여, 졸업 후 임관하거나 군무원 채용 대비반, 방산업체 취업 대비반 등을 통해 다양한 군 관련 분야에 진출할 수 있습니다.
그리고 세계화 시대에 부응하는 국제관계 및 안보정세 등 관련 연구를 통해 이론과 실무를 겸비한 군사 전문가 등 고급인력 양성에 목표를 두고 있습니다.
오늘날 국제관계는 국가 간 관계뿐만 아니라 정부 간, 비정부 간 기구, 다국적 기업 등 다양한 행위주체들 간의 상호의존성 증대로 복잡다양한 양상을 보이고 있으므로 관련 전문인력 수요가 높아질 것으로 기대됩니다. 따라서 이러한 국제환경 변화에 부응하기 위해 국제문제의 이해, 국가별 및 권역별 지역연구 등에 있어 체계적인 분석에서 요구하는 다양한 인접 학문과 학계 간 연구가 가능한 교과목을 중심으로 교육을 진행할 계획입니다. 졸업생 중 일부는 국가직 공무원, 교수, 연구원, 공사, 공단 및 비영리기관, 국제관계기관 및 해외 주재기관 사무요원, 국제협력단 봉사요원, 국제기구 행정요원 등으로도 진출할 수 있겠습니다.

최근 청년실업과 취업난이 심화되면서 전문 직업장교 진출 등에 대한 관심이 높아지고 있습니다. 강원권역은 남북이 대치 중인 대표적 접경지역이자 주요 군부대가 소재하여 군사학 및 안보학 분야의 심층적인 활용뿐만 아니라 타 분야와 접목하여 시너지 효과를 기대할 수 있다는 이점을 지녔다고 말씀드릴 수 있겠습니다.

Q) 군사학과를 지망하는 학생에게 필요한 역량과 길러야 할 자질은 무엇인가요?

A) 기본적으로 인문학적 요소와 사회 현상에 대한 시사 및 안보 관련하여 각종 이슈와 쟁점을 이해할 수 있는 기본적인 소양이 요구되겠습니다. 또한, 군 관련 기초지식과 안보의식을 함양함에 있어 올바른 역사의식 등을 갖춘다면 군사학과를 지망하는 학생들에게 도움이 되겠습니다. 한편, 기초체력과 더불어 무도 단증 등은 군사학과 재학생들에게 요구되는 필수적 요소이므로 참고바랍니다.

Q) 군사학과 진학을 희망하는 학생들이 고등학교 때 열심히 공부해야 할 교과와 과목 및 활동 등을 추천해주세요. 또 그 이유는 무엇인가요?

A) 주로 역사와 사회 등 관련 교과목에 대한 비중이 높겠으며, 기초체력을 배양할 수 있는 체육 관련 수업과 활동에 대한 관심이 요구됩니다.

Q) 군사학과 진학을 위해 '면접'을 준비하는 학생들에게 꿀팁을 알려주세요.

A) 상지대학교 군사학과는 면접전형을 실시하지 않는데, 일반적인 대학의 군사학과 면접에서는 기초지식과 시사 및 안보 분야 관련 소양, 올바른 역사관과 안보의식에 대한 기본적인 수준의 질문이 예상되므로 이에 대한 평소 관심이 필요하겠습니다.

Q) 4차 산업혁명 시대 군사학과의 비전은 무엇인가요?

A) 앞으로 미래 전장은 무인화와 스마트화가 관건이며, 첨단 방위산업 및 무기체계 관련 수요가 증대될 것입니다. 4차 산업혁명 시대에 있어서 미래국방을 대비한 군사학 학문의 다양한 융복합 교과목이 개설될 것이므로 미래전에 있어 사이버 및 우주 분야 이외에도 첨단 무기체계 관련 군사학과의 발전이 기대됩니다.

서경대 군사학과

채성준 교수님(현 서경대학교 군사학과 학과장)

Q) 서경대학교 군사학과의 특징과 장점은 무엇인가요?

A) 서경대 군사학과는 지난 2008년 3월 개설돼 국가안보의 중추적인 역할을 담당하면서 통일한국의 미래를 이끌어갈 군사전문가 및 장교를 양성하는 요람으로, 졸업생들은 전원 육 · 해군, 해병대와 공군 장교로 임관되어 지금까지 400여 명의 정예 초급장교를 배출했습니다.

서울지역에 개설된 최초의 군사학과로 대한민국 최고의 군사학과를 지향하고 있습니다. 저희 군사학과는 육군 및 해병대와 학군 협약을 체결하고 그에 부합하는 학과 커리큐럼과 제반 시설을 갖추고 학과 운영을 하고 있습니다.

그러면서 병역(장교 복무), 취업(단기복무 시에도 복수전공 및 융합전공 관련 기업체 진출), 등록금(국가장학금 등 기타 장학금과 별도의 군장학생 장학금 혜택), 기숙사(무료)를 동시에 해결하는 사립사관학교(밀리터리보딩스쿨)라고 할 수 있습니다.

구체적으로는 각 학년 정원이 50명으로 남학생 45명과 여학생 5명을 선발하고 있으며, 이들은 졸업 후 본인의 희망에 따라 육군 · 해병대(ROTC/학사), 해군 · 공군(학사, 조종사 포함) 장교(소위, 7급 공무원 상당)로 임관할 수 있다는 장점이 있습니다.

그리고 학생들이 임관 후 군 장기복무자로 대성할 수 있도록 각기 적성에 맞는 군과 병과 선택에 도움을 주기 위해 멘토교수들이 1:1로 진로 지도를 하고 있으며, 임관 후에도 동기 및 선배들과의 유대 강화로 서로 끌어주고 밀어주는 관계를 구축하고 있습니다.

특히 학생들은 군장학생 장학금(가산복무 지원금으로 4년간 학비전액, 육 · 해 · 공 및 해병대 등 각군 해당, 다만 공군은 군 규정상 군장학금 대상자로 조종사만 해당)과 별도로 국가, 사회, 학교 등의 다양한 장학금 혜택을 받을 수 있습니다.

1학년 전원은 입학과 동시에 전원 학과 자체적으로 운영하는 기숙사에서 생활하며, 2, 3, 4학년은 희망자에 한해 학과 기숙사를 이용하거나 학교 기숙사에 입소할 수 있습니다. 그리고 학과 전용 시설로 남 · 여 생활공간(사물함 등), 체력단련장(샤워실), 전산실, 세미나실, 학습실을 운영하고 있으며, 전원에서 제복(추동 · 하복 무료) 및 각종 물품을 지원하고 있습니다.

Q) 서경대학교 군사학과에서는 구체적으로 무엇을 배우나요?

A) 저희 군사학과의 커리큘럼은 육, 해, 공군 사관학교의 커리큘럼과 대동소이하며, 장교로 진출해 성공할 수 있는 군사학 분야를 기본적으로 배우게 됩니다. 그러면서 학생 전원이 복수 전공을 실시함에 따라 졸업 시 기본적으로 군사학사 외에 4차 산업시대에 부합하는 사이버드론봇 및 컴퓨터공학, 경영학, 경찰행정, 금융정보, 각종 어학 등 희망 전공학위 2개를 수여받게 됩니다.

Q) 서경대학교 군사학과를 졸업하면 어떤 일을 하게 되나요?

A) 군사학과 학생은 기본적으로 군 장교로 임관해서 장기복무를 하면서 대한민국 군의 간성으로 성장하는데 목표를 두고 있습니다. 다만 장교 의무 복무 후 전역 희망자는 군무원, 방위산업체, 국방공무원, 교수요원, 군 연구기관 등 다양한 분야로 진출(국방부 전역자 취업 지원 프로그램 혜택 부여)할 수도 있습니다. 또한 학생 전원이 해외연수(1~2개국) 기회를 갖고 졸업 후에는 저희 대학에 설치된 대학원과 연계해 석박사 학위 취득이 가능합니다.

Q) 군사학과를 지망하는 학생에게 필요한 역량과 길러야 할 자질은 무엇인가요?

A) 군사학과 학생을 지망하는 학생들은 기본적으로 대한민국 장교가 되기 위한 확고한 국가관과 강인한 체력, 그리고 올바른 인성이 필요합니다. 그러면서 글로벌시대와 4차 산업시대에 부합할 수 있도록 국가적 감각과 정보화 능력 등이 요구된다고 하겠습니다.

Q) 군사학과 진학을 희망하는 학생들이 고등학교 때 열심히 공부해야 하는 교과와 과목 및 활동 등을 추천해주시고, 그 이유는 무엇인가요?

A) 저희 군사학과는 입학 정원 50명 중 대체로 수시에서 40명, 정시에서 10명을 선발하고 있습니다. 다만 군사학과의 특성상 별도로 체력고사 및 면접고사와 신체검사 및 인성검사를 실시하고 있습니다. 군사학과 진학 희망자들은 이러한 점을 잘 살펴서 입시 준비에 임하면 되겠습니다. 다만 향후 장교 진출 등을 위해 국사와 영어에 좀 더 중점을 두면 좋겠습니다.

Q) 군사학과 진학을 위해 '면접'을 준비하는 학생들에게 꿀팁을 알려주세요.

A) 대한민국 장교에게 요구되는 것은 확고한 국가관과 올바른 인성, 그리고 차선으로서가 아니라 군인의 길을 걷겠다는 일념입니다. 이런 점을 고려해 면접을 준비하면 좋겠습니다.

Q) 4차 산업혁명시대 군사학과의 비전은 무엇인가요?

A) 4차 산업혁명시대는 피할 수 없는 시대적 흐름입니다. 우리 군의 전력도 이에 맞춰 변하고 있습니다. 저희 군사학과도 이와 같은 시대적 흐름에 맞춰 사이버드론봇 전공을 신설하고 드론 및 전산장비 등 최첨단 시설을 구축해 학생들은 교육하고 있습니다.

세종대 국방시스템공학과

추영민 교수님(현 세종대학교 국방시스템공학과 학과장)

Q) 세종대학교 국방시스템공학과의 특징과 장점은 무엇인가요?

A) 세종대 국방시스템공학과는 우수한 해군 장교 양성을 위해 해군과 협약에 의해 개설한 학과로서, 해군의 첨단무기체계를 이해하고, 관리하며, 운용 유지할 수 있는 우수한 인재를 양성하고자 2012년부터 입학생을 선발하고 있습니다. 국방시스템공학과에 합격하면 해군과의 협약에 따라 4년간 장학금을 지원받아 학업을 수행합니다. 이 과정에서 해군 장교로서 갖추어야 할 기본 소양을 교육받고, 또한 첨단 국방 무기체계 개발/운용을 위한 군사 과학기술 분야의 전문 공학 지식을 함양하게 됩니다.

Q) 세종대학교 국방시스템공학과에서는 구체적으로 무엇을 배우나요?

A) 세종대 국방시스템공학과 재학생들은 미래 해군 장교로서의 소양을 갖추기 위해서 리더십, 해전사, 항해학 개론 및 군대윤리 등의 해군 장교 기본 지식 교육과 더불어 지휘 역량을 갖추기 위한 군사학 교육을 받습니다.

또한, 해군 무기체계를 심도 있게 이해/운용하기 위해서 기계공학 및 전기/전자공학의 기본이 되는 기초역학, 신호처리, 디지털시스템뿐만 아니라 함정의 주요 전력(소나/레이더)과 연관되는 수중음향학, 레이더공학 등도 교육받습니다. 최근 인공지능 관련 기술이 함정무기체계에 도입하려는 시도가 이루어짐에 따라 국방인공지능, 로봇공학, 기계학습 관련 프로그램 언어 등 역시 교육받습니다.

세종대 국방시스템공학과 재학생들은 무기체계공학, 인공지능, 유도/수중무기시스템, 로봇공학 및 신개념 무기체계공학 등 실무에서 적용할 수 있는 교과목을 통해 첨단 무기체계 운용 능력과 미래전 수행 능력을 갖춘 전문가적 해군 장교로서의 역량을 갖출 수 있습니다. 나아가 복수 전공 선택을 통해 다양한 전문공학지식 교육도 받을 수 있습니다.

한편, 세종대 국방시스템공학과 재학생들은 학년에 맞춰 설계된 장교 직무체험 교육을 받습니다. 이 교육을 통해서 1학년은 해군 육상부대 및 함정 견학을, 2학년은 요트전문학교에서 요트(딩기, 크루저) 항해실습을, 3학년은 해군사관생도와 함께 국내 연안 항해실습을, 4학년은 해외 주요 항에 다녀오는 순항 훈련을 하게 됩니다.

Q) 세종대학교 국방시스템공학과를 졸업하면 어떤 일을 하게 되나요?

A) 세종대 국방시스템공학과 재학생들은 졸업 후 공학사 학위를 수여받으며, 이후 해군사관 후보생 교육 과정을 수료하여 해군 소위로 임관하게 됩니다. 임관 후에는 함정, 조종사, 잠수함 요원, 정보통신 및 병기 장교 등 다양한 분야에서 전문적인 장교 활동을 합니다.

군 의무 복무 이후 희망/상황에 따라 전역하는 경우에도, 무기체계 분야의 전문 지식과 경험은 국가 방위산업체 및 국방 관련 연구소 등의 전문직 취업에 유리한 요소로 작용할 것입니다.

Q) 국방시스템공학과를 지망하는 학생에게 필요한 역량과 길러야 할 자질은 무엇인가요?

A) 예비 해군 장교로 지원하기 위해서는 기본적으로 리더의 자질을 키움과 동시에 첨단 무기체계를 개발/운용하기 위한 기초 지식인 수학/과학 등과 가까워져야 합니다. 무엇보다 예비 장교 지망생이 가져야 할 가장 기본적인 자질은 애국심으로서, 본인이 나라를 지키고 발전시키는 데 기여하고 있다는 것에 큰 보람을 느낄 수 있어야 합니다.

Q) 국방시스템공학과 진학을 희망하는 학생들이 고등학교 때 열심히 공부해야 하는 교과와 과목 및 활동 등을 추천해주시고, 그 이유는 무엇인가요?

A) 함정과 함정에 탑재된 시스템은 여러 공학 분야의 결과물로서, 최첨단 기술의 집약체라고 할 수 있습니다. 세종대 국방시스템 공학과에 입학한 이후에 기초적인 수학과 물리 지식을 함양하기 위한 교과목이 있기는 하지만, 함정 관련 기술을 보다 심도 있

게 이해하기 위해서는 수학과 물리에 익숙해져 있는 것이 유리합니다. 그렇지만 함정무기체계에 대한 공학 지식은 2학년부터 본격적으로 배우기 때문에, 미리 걱정하지 않아도 됩니다.

Q) 4차 산업혁명시대 국방시스템공학과의 비전은 무엇인가요?

A) 심화/기계학습 기반의 인공지능 기술이 영상 및 음성 인식에 도입되어 가시적인 성과를 보이는 것에 힘입어, 현재 함정무기체계 분야 역시도 기계학습 기반의 새로운 기법 도입을 통해 기존 한계를 극복하고자 하는 시도가 다각적으로 이루어지고 있습니다. 이는 그 어느 때보다 방위산업의 발전을 위한 새로운 도전과 도약의 기회를 맞았다는 것을 의미합니다. 따라서 세종대 국방시스템공학과는 이에 발맞춰서 기초적인 공학 관련 교과목뿐만 아니라 최첨단 무기체계와 연관된 교과목을 편성하여, 미래지향적인 해군 장교를 육성하고자 합니다.

조선대 군사학과

김법헌 교수님(현 조선대학교 군사학과장)

Q) 조선대학교 군사학과의 특징과 장점은 무엇인가요?

A) 조선대학교는 77년의 역사와 전통을 자랑하는 최초 민립대학입니다. 조선대 군사학과는 광주, 전남, 제주도의 유일한 육군협약대학(전국 7대학 중 하나)으로, 입학과 동시에 4년 군가산복무지원금 제공(학비 전액)받고 졸업과 동시 육군 소위로 임관보장 및 기숙사 입주 최우선권 보장 받습니다. 또, 조선대 학군단과 연계 영관 장교 및 장군을 가장 많이 배출한 대학입니다.

Q) 조선대학교 군사학과에서는 구체적으로 무엇을 배우나요?

A) 대학민국 육군 장교로 임관하여 군사전문가가 되기 위해 한국, 세계전쟁사, 군사전략, 미래전쟁, 국방로봇, 위기관리, 상담학, 군대윤리, 리더십, 체력단련, 군사학과 장교 역량배양을 위한 내용을 배우게 됩니다.

Q) 조선대학교 군사학과를 졸업하면 어떤 일을 하게 되나요?

A) 조선대 군사학과는 군 계약 학과로 대학과 졸업과 동시에 육군소위로 임관할 수 있습니다.

Q) 군사학과를 지망하는 학생에게 필요한 역량과 길러야 할 자질은 무엇인가요?

A) 육군 장교로서 인성과 품성, 리더십, 자기 계발, 창의력, 위기관리 능력등이 필요합니다.

Q) 군사학과 진학을 희망하는 학생들이 고등학교 때 열심히 공부해야 하는 교과와 과목 및 활동 등을 추천해주시고, 그 이유는 무엇인가요?

A) 육군협약대학은 학업능력이 필요하여 국, 영, 수, 탐구 영역 합 15등급 이내의 수능최저학력 기준을 요구합니다. 또한 체력단련과 리더십 배양을 추천합니다.

Q) 군사학과 진학을 위해 '면접'을 준비하는 학생들에게 꿀팁을 알려주세요.

A) 육군 장교가 되고자하는 목적, 동기, 자신의 비전, 국가관, 안보관, 사생관 등에 대한 질문이 주어집니다.

Q) 4차 산업혁명시대 군사학과의 비전은 무엇인가요?

A) 국방을 주도하는 창의 융합형의 인재로서 다층 복합적 영역에서 군사전문가로서 능력을 배양받아 군사 전문가로 길러집니다.

충남대 국가안보융합학부

전기석 교수님(현 충남대학교 국가안보융합학부 학부장)

Q) 충남대학교 국가안보융합학부의 특징과 장점은 무엇인가요?

A) 충남대학교 국가안보융합학부는 국립대 최초의 군사학 관련 전공으로, 조국의 영토와 영공을 수호하고 국가와 사회의 발전에 기여하는 대한민국 정예 장교 양성을 위해 우수한 인재들이 학업에 전념할 수 있도록 지원하고 있습니다.

국토안보학전공은 육군과 협약에 따라 재학 중 군장학생 선발 시험을 통해 4년간 전액 장학금을 수혜 받고, 학군단(ROTC) 선발시험 간에 가산점을 부여받아 졸업과 동시에 육군 장교로 임관하여 대한민국 국가방위의 중심군 육군을 책임질 것이며, 더 나아가 국가와 사회의 신뢰받는 리더로서 제몫을 다하게 될 것입니다.

해양안보학전공은 해군과 협약에 따라 입학과 동시에 4년간 전액 장학금으로 대학생활을 한 후 졸업과 동시에 해군 장교로 임관하여 21세기 해양의 시대에 대한민국 생존과 번영을 보장하는 터전인 바다를 수호하는 해군을 책임질 것이며, 더 나아가 국가와 사회의 신뢰받는 리더로서 제몫을 다하게 될 것입니다.

Q) 충남대학교 국가안보융합학부에서는 구체적으로 무엇을 배우나요?

A) 체계적인 군사 전문가와 리더를 양성하기 위해 입학 후 군사학개론, 군사학방법론, 국가안보론, 군사전략론 등 군사학에 관한 기초과목을 전공으로 배웁니다. 군사학 기초가 정립된 후엔 군대윤리론, 지휘통솔, 군사무도, 군리더십, 세계전쟁사, 관리과학 등의 과목을 통해 심층적인 전공 학습이 진행됩니다.

- **국토안보학전공:** 6.25 전쟁사, 국가안보론, 군사체육, 군사학개론, 북한학, 군대윤리론, 군사학방법론, 국가위기관리론, 군사통계 등
- **해양안보학전공:** 국가안보론, 군사학개론, 해양체육, 해양학개론, 충무공과 해군인물, 민군관계론, 해사법규, 항해학개론 등

Q) 충남대학교 국가안보융합학부를 졸업하면 어떤 일을 하게 되나요?

A) • **국토안보학전공:** 군 가산복무 지원금 지급 대상자 및 학군단(ROTC) 선발 시 대한민국 육군 소위 임관(다양한 병과 진출), 근무경력을 활용한(공무원 기간 삽입 가능) 전문영역에 진출(예비전력담당자, 국내외 우수기업 및 연구소 진출, 항공기 조종사 등)할 수 있습니다.

- **해양안보학전공:** 해군 소위 임관(입학과 동시에 군 가산복무 지급 대상자 선발), 근무경력을 활용한(공무원 기간 삽입 가능) 전문영역에 진출(항해사, 항공기 조종사, 국내외 우수기업 및 연구소 진출 등) 가능합니다.

Q) 국가안보융합학부를 지망하는 학생에게 필요한 역량과 길러야 할 자질은 무엇인가요?

A) 다음과 같은 역량을 필요로 합니다.

- 전공 전문성, 올바른 품성, 리더십 및 체력
- 시대를 선도할 수 있는 투철한 국가관과 창의력
- 지식정보화시대와 미래를 이끌어갈 통합적 사고 능력

Q) 국가안보융합학부 진학을 희망하는 학생들이 고등학교 때 열심히 공부해야 하는 교과와 과목 및 활동 등을 추천해주시고, 그 이유는 무엇인가요?

A) 기본적으로 국어, 수학, 영어, 한국사와 같은 교과목을 추천하며, 독서와 활발한 토론 활동도 추천합니다. 추천한 해당 교과목들은 수험생들에게도 필수인 과목이지만 대하 진학 후에는 자신의 의견을 글로 표현할 수 있는 논술 능력이 중요하며, 전공이나 교양 등 많은 수업에서 자신의 의견을 논리 있게 전달해야 하는 발표나 토론식 수업도 이루어지기 때문에 이를 위해 프레젠테이션 능력이나 토론 역량을 기르는 활동도 병행하면 좋을 것 같습니다.

또한 청소년이나 일반인을 대상으로 한 각 군 견학(각 군 홈페이지 신청 가능), 군 문

화 체험 프로그램, 직업체험 및 캠프 등을 활용하여 희망하는 각 전공에 대해서도 미리 알아볼 기회가 될 수 있을 듯합니다.

Q) 국가안보융합학부 진학을 위해 '면접'을 준비하는 학생들에게 꿀팁을 알려주세요.

A) 지원 시에 직업군인에 대한 진로와 장교로서 갖춰야 할 소양을 가지고 전공과 연관성이 있는 활동을 권장합니다.

2단계 전형 간 인성검사, 면접, 체력검정 등 군 장교가 되기 위한 전형을 실시하기에 기초체력을 유지하고 국가관과 안보관, 책임감 등 장교로서 필요한 인성과 가치에 대하여 꾸준한 관심과 준비가 필요합니다.

이렇게 전공과 군에 대한 꾸준한 관심과 전공 적합성을 드러낸다면 좋은 영향을 줄 수 있을 것입니다. 또한 뚜렷한 목표와 전공에 대한 비전을 가지고 미래장교로서 역량을 갖춘 사람이라면 각 전공의 인재상과 부합할 것입니다.

Q) 4차 산업혁명시대 국가안보융합학부의 비전은 무엇인가요?

A) 4차 산업혁명시대에 첨단기술은 미래 국방력 강화를 위해 필수적인 요소입니다. 이에 따라 우리 국가안보융합학부에서는 국가안보 및 산업분야의 역량을 두루 갖춘 융합형 인재를 양성하고자 합니다.

자유로운 대학 생활 속에서 국립대학의 다양한 학업기회와 장학금 수혜 기회가 주어집니다. 희망 시 복수(부)전공을 통해 타전공 분야를 공부할 수 있습니다. 또한 다양한 학생 자치활동 및 특성화 교육지원 프로그램, 군 관련 실습에도 참여하게 되며 매학기 역량강화 사업비용을 별도로 지원받아 자격증, 어학, 무도 등 개인 역량강화를 통한 융합형 인재로 성장할 수 있습니다.

또한 국방과 군사학에 한정하지 않고 외교, 안보, 통일, 방위산업 등 국가안보와 관련된 모든 영역에 필요한 우수한 장교 배출과 국가·사회의 리더 양성을 목표로 제대 후 국방부 등 사회 진출을 위한 다양한 기회가 제공되며, 취업지원 프로그램을 통해 방위산업 및 일반기업, 국가안보 관련 공공기관, 군무원 등 다양한 분야로 진출할 수 있습니다.

사관학교
군사학과
진로 진학 특강

1판 1쇄 2023년 6월 20일

지 은 이 한충렬

발 행 인 주정관
발 행 처 북스토리㈜
주　　소 서울시 마포구 양화로 7길 6-16 서교제일빌딩 201호
대표전화 02-332-5281
팩시밀리 02-332-5283
출판등록 1999년 8월 18일 (제22-1610호)
홈페이지 www.ebookstory.co.kr
이 메 일 bookstory@naver.com

ISBN 979-11-5564-296-2 13370

※잘못된 책은 바꾸어드립니다.